© 2019 Calebasse Edizioni
ISBN 978-88-943760-2-9

Nino Greco

Personaggi in cerca di un nuovo autore
L'extradisciplina del teatro a scuola
I linguaggi del pensiero letterario: umanesimi a confronto

CALEBASSE

Prefazione

Il progetto didattico di Nino Greco, è un progetto appassionatamente e testardamente umanistico.
Per lui insegnare in senso autentico (con l'intenzione di formare persone e non solo "istruire") non è ripetizione, ma creazione. Creare è necessario per trovare i modi e le forme attraverso cui la cultura possa farsi "carne e sangue", esperienza vissuta al servizio della vita. Un compito tanto più difficile oggi che ci si rivolge a ragazzi immersi in un mondo di messaggi virtualmente infinito ma evanescente, la cui cangiante e caleidoscopica superficie toglie tempo e spazio per un movimento in profondità.
Il tema affrontato in questo lavoro è lo sgretolarsi dell'umanesimo ottocentesco, ancorato ad un sistema di solidi valori (rappresentato dall'opera di Manzoni) e l'avanzare di un mondo umano frammentato e privo di riferimenti assoluti (annunciato da Pirandello), oggi espresso nella visione antiumanistica di un universo senza centro e banalizzato in una vita ridotta a oggetto di consumo. La domanda che viene posta e lasciata aperta è se ci sia la possibilità di un nuovo umanesimo oltre tutto questo, un nuovo Autore. Forse il termine umanesimo non è più del tutto adeguato, perché il punto di partenza dovrebbe essere proprio il rinunciare a ridurre il mondo ad oggetto di dominio da parte dell'uomo. Dovrebbe essere un "umanesimo" capace di fare i conti con la "insignificanza" dell'uomo e con un mondo instabile e sfuggente. Ma allo stesso tempo dovrebbe essere capace di riorientare la cultura della società contemporanea verso la concretezza della vita, l'unicità e il potenziale creativo di ogni esistenza, umana e non umana (fino a quella dell'intero pianeta) riconosciuta come il valore imprescindibile su cui fondare ogni ipotesi di futuro.

Per trasmettere tutto questo, coinvolgendo e toccando in profondità gli studenti, è stata scelta la forma del teatro, perché il teatro richiede la partecipazione della mente e del corpo dell'attore per incarnare un ruolo e la visione del mondo di cui esso è portatore.

Scrivere un lavoro teatrale che mettesse in scena i personaggi dei Promessi Sposi immaginandoli nel nostro mondo contemporaneo e facendoli parlare della vita che vivrebbero oggi, è la felice intuizione di Greco. Alcuni di essi sono cocciutamente fedeli al manzoniano modo di vedere, altri sono del tutto cambiati, altri, nelle nuove condizioni, hanno riscoperto l'importanza di aspetti prima svalutati della propria personalità. Ne scaturisce una continua, spiazzante e stimolante dialettica fra ciò che erano e ciò che sono, fra l'umanesimo manzoniano che incarnavano e il nuovo mondo "pirandelliano" e post-moderno in cui si trovano a vivere. Letterariamente è essenziale per la riuscita dell'operazione la non comune capacità dell'autore di trasferire su un piano concreto i temi filosofici che aleggiano di volta in volta sullo sfondo, senza mai esibirli in termini didascalici. Nel linguaggio dei personaggi, nel loro corpo e nel confronto con i problemi della quotidianità, le promesse, i fallimenti, le lusinghe dei moderni umanesimi si fanno concreti, qualcosa di vivo e talvolta perturbante, capace di trasformare la "nozione scolastica" in qualcosa come un'esperienza vissuta.

Roberto Tobia Maffione

Introduzione

L'idea del progetto extradisciplinare

Personaggi in cerca di un nuovo autore è un testo teatrale realizzato nelle classi quarta e quinta di un Istituto Professionale per l'Agricoltura, nell'ambito dell'attività didattica di studio – comprensione storico – letteraria. I due programmi di studio fondamentalmente incentrati quello della IV classe sull'Ottocento letterario e quello della V sulla letteratura del Novecento tendono qui a trovare un modo di comprensione di uno spartiacque di letterature antagoniste tra loro nella visione della vita e dell'uomo. Si tratta di confronto e lo scontro tra un umanesimo razionale, non positivistico, romantico, immerso in visioni storicistiche cariche di senso e di progresso, e la nuova visione di solitudine dell'uomo del Decadentismo, precipitato in un profondo individualismo come "una monade senza porte né finestre". I grandi ideali umanitari del secolo precedente, di grande impegno sociale e politico, di fiducia nella trasformazione profonda della società e nella creazione di un modo diverso, più giusto e più umano, appaiono in questo senso definitivamente tramontati. Il confronto e lo scontro sono qui rappresentati proprio dai due sposi promessi a cui è dedicato in questa ideazione teatrale gran parte del primo tempo. L'idea è stata quella di immaginare la vita oggi dei personaggi principali de "I Promessi sposi", in un contesto contemporaneo, vederli impegnati ad affrontare i problemi di oggi, quelli della nostra quotidianità, alla ricerca della loro soluzione, attraverso la interpretazione di un diverso linguaggio. L'idea di scuola alla base di questa attività integrativa della formazione è quella di un insieme dinamico e dialettico di disciplina ed extradisciplina, come in una reciprocità circolare in cui l'attività extradisciplinare prende su di sé i dati conoscitivi disciplinari del linguaggio dei personaggi manzoniani trasformandoli in altri linguaggi. Particolarmente nuovo è il linguaggio pirandelliano di Lucia Montella e di altri come don Abbondio e Azzeccagarbugli, per realizzare una operazione teatrale di più viva riproposizione del loro linguaggio e della loro differenza. L'idea di progetto integrativo del piano dell'offerta formativa della scuola non è quella di un'azione che oltrepassa (supera) o semplifica la conoscenza disciplinare, ma l'azione viva di una traduzione pratico – ricostruttiva della conoscenza per la comprensione e la competenza disciplinare, per una sua appropriazione culturale. Perciò non sono attività di bypassamento o di scorciatoia dell'apprendimento, ma azioni formative di attraversamento ed espansione delle nozioni, come un entrare dentro i suoi dati e svilupparne le possibilità conoscitive del pensiero letterario, come una "conoscenza della conoscenza" attraverso un'esperienza viva della disciplina. L'idea di questo progetto è quella di entrare nei concetti del pensiero letterario e storico attraverso un laboratorio di costruzione e ricostruzioni dei personaggi nello sviluppo extradisciplinare del teatro a scuola. Disciplina ed extradisciplina, in questo caso letteratura e attività teatrale, entrano in una relazione di reciprocità, che è essenziale a ogni attività progettuale a scuola, per fare in modo che l'attività integrativa extradisciplinare non si riduca al semplice diversivo giocoso di una fumosa animosità avulsa dalla comprensione disciplinare. La formazione è prima di tutto comprensione, in cui avvengono le operazioni di sintesi concettuali di appropriazione dell'oggetto conosciuto, ovvero il passaggio didattico fondamentale della conoscenza a un ambito d'uso (di comportamento – cultura), per vedere come parla un personaggio manzoniamo o pirandelliano. L'idea è quella di far capire il rapporto fondamentale tra letteratura e vita, che la conoscenza letteraria è il deposito conoscitivo principale del pensiero umanistico, che la disciplina sia pure astrattamente, è l'ineludibile contenitore del linguaggio letterario, l'unico tassello che può sostenere un'attività integrativa della formazione umanistica e civica dei ragazzi. E questo sforzo di comprensione ha messo, docente ed allievi, davanti all'ardua prova di un racconto teatrale di confronto delle letterature. Si è unito allo studio storico – letterario in classe, già intenso di spiegazione e comprensione della disciplina, un'attività di laboratorio extradisciplinare di costruzione e recitazione di un testo teatrale con nuovi linguaggi rispetto ai personaggi Manzoniani, provando ad entrare bene nella comprensione del pensiero degli autori per poi giungere a un linguaggio vivo delle parole degli autori come a sentirli parlare con le loro parole, per un uso intelligente della letteratura che vada oltre la disciplina ma senza escluderla. Ovviamente il lavoro reinterpretativo dei personaggi manzoniani è stato ideato, come già si è detto, alla luce della situazione di attualità dell'interprete – studente. Si è tentato di dimostrare una possibilità di spinta emancipativa del pensiero letterario dalla soggezione nozionistica e manualistica nella prospettiva di uno sviluppo culturali del pensiero letterario.

L'operazione didattica

In questo progetto di didattica della letteratura attraverso l'attività di teatro a scuola si è cercato di tener fermo il punto della comprensione letteraria ovvero della comprensione del pensiero umanistico nel suo passaggio cruciale dall'umanesimo moderno a quello contemporaneo. Manzoni e Pirandello sono gli autori maggiormente implicati tra gli altri. Tenendo ben ferma la bussola didattica consistente nell'entrare bene nel pensiero letterario degli autori, nella loro visione della condizione umana nel mondo, in questo caso penetrano nei punti cruciali di una letteratura di "modernità solida" del Romanticismo, con i suoi punti di orientamento saldi e attendibili, guide affidabili per la condizione umana, e dall'altra quella letteratura del Decadentismo che esprime, invece, il bisogno di levare l'ancora da queste protezioni istituzionali, come di vincoli di gabbie o di prigione. Il punto didattico è stato quello di uscire fuori dall'atteggiamento antididattico dello spettatore che guarda come in uno schermo il filmato della storia della letteratura per conoscere i tratti letterari dei vari autori, come se questo non ci riguardasse personalmente e stesse lì di fronte a noi, ma riuscire a comprendere che le questioni letterarie ci attraversano. Qui è il nodo della comprensione della letteratura spazio dei problemi della nostra vita. Nella ricostruzione dei personaggi, Renzo e

Lucia sono gli interpreti di questo scontro di umanesimi. La nuova condizione umana dell'uomo contemporaneo, già evidenziata dal racconto della letteratura del 900, evidenziata dalla solitudine dell'io reso orfano dallo smembramento dei centri sopraindividuali tradizionali spinge l'individuo postmoderno a darsi la sforza di assumere la funzione di centro nella nuova "modernità liquida", folgorante definizione di Zygmunt Bauman. L'obettivo è di affilare i mezzi cognitivi dei ragazzi in un mondo che "sembra muoversi troppo in fretta perché la maggior parte di noi riesca a seguirne le svolte e giravolte". Si è tentato di affrontare la comprensione disciplinare spiegandola in un'altra forma. La discussione tra i ragazzi si è fatta viva quando è diventato chiaro il contrasto tra l'apice romantico dell'umanesimo moderno e la svolta decadentista, in particolare quella antiumanistica del romanzo psicologico. È a questo punto che l'idea del nostro racconto teatrale, la costruzione del testo e dei suoi personaggi, si fa chiara: rimettere i personaggi dell'umanesimo romantico manzomiano nella vita di oggi con l'utilizzazione di altri linguaggi letterari, principalmente di quello antiumanistico pirandelliano. Insomma, ridare loro una nuova vita. Quale scelta più propizia dei personaggi manzoniani, quelli de "I Permessi Sposi", rimessi a vivere nel nostro tempo postmoderno poteva giovare meglio al nostro scopo? Quale vita oggi sarebbe quella di Lucia Mondella e Renzo Tramaglino? Quale consistenza di fede di Dio e di marito avrebbe oggi il pensiero di Lucia? Quale attesa di giustizia avrebbe oggi la vita di Renzo? La loro storia oggi l'abbiamo immaginata assai meno romantica e di ben altre problematiche, storia di famiglia con problemi di debiti, di lavoro, e di figli. Ne sono scaturiti due personaggi diversi, mantenendo in Renzo buona parte del suo carattere di personaggio romantico e facendo di Lucia un personaggio nuovo, alquanto diverso da quello manzoniano, antiromantico e con un linguaggio un po' pirandelliano. Da qui il confronto e lo scontro culturale che è alla base delle liti incessanti della loro vita di coppia o, più propriamente, della profonda incomprensione tra i due personaggi; è stato come mettere sul ring umanesimo e antiumanesimo. E Don Abbondio, dopo tanto disincantamento ideologico, come potrebbe rivivere le titubanze e i dubbi di una volta? Rimorsi o sagge premonizioni? Qui i ragazzi, nel costruire il nuovo don Abbondio, non hanno avuto bisogno di pensarci più di tanto: bisognava fare di don Abbondio la rivincita contro Manzoni e contro quell'umanesimo delle certezze indubitabili. Ma qui la riflessione è andata oltre: abbiamo fatto un tentativo ambizioso di immaginazione cercando di scrutare proprio con don Abbondio la metafora di una cultura della possibilità di un nuovo umanesimo, di intercettare con i suoi dubbi una nuova strada di ragionevolezza per l'umanesimo postmoderno. E Azzeccagarbugli?, che vita per lui si può immaginare oggi? Personaggio manzoniano del sottopotere che si fa potere dei furbi, di coloro, cioè, che hanno l'ingegno facile oltre che mediocre di mettersi con i forti nell'unico modo a loro possibile di sudditi servitori, progenie e prototipo del degrado civico della nuova civiltà democratica moderna. Ripeterne le connotazioni di arrogante – mediocre signorotto che vive all'ombra dei potenti, ci avrebbe restituito un personaggio scontato e banale, benché metafora esemplare del prodotto politico del "neocacicco" del nostro sistema democratico. Ci è sembrato più interessante farne un personaggio in cerca di un riscatto di dignità della politica: il personaggio di una politica che tenta stentatamente una risalita di valore. E don Rodrigo? Sarebbe ancora lo straniero invasore o il rferimento di una nuova prospettiva politica della vita dei popoli europei e del mondo? Qui l'opzione di un personaggio nuovo e alternativo allo straniero era a portata di mano; è stato semplice cambiargli il nome: oggi non si chiama più don Rodrigo ma Rodeur, non è più lo straniero delle dominazioni; è l'Europa, la soluzione dei debiti di Renzo proposta da Azzeccagarbugli. E l'Innominato, figura terribile e grandiosa, il più potente di tutti, quello che aveva il potere su tutti, chi è oggi? Dopo la conversione che fine ha fatto? dov'è il suo presidio? E se fuori dal presidio del suo Castellaccio, dopo la conversione, stesse imparando un nuovo potere, non di arroganza e malvagità ma di conversione del pensiero, di riforma del pensiero dominativo moderno, di un nuovo potere più utile e importante per l'uomo postmoderno? È lui che con la sua conversione diverta metafora del pensiero autocritico, anti – ideologico, sempre alla ricerca delle sue falsificazioni. A lui è strettamente collegato il personaggio di don Abbondio, vittima esemplare dell'arroganza razionale ideologica, che si fa interprete di una nuova cultura e ricerca di pensiero ragionevole più maturo, più cosciente dei suoi limiti e delle sue possibilità. Metafora di riforma del pensiero, più adatto ad affrontare la complessità della vita, a cercare la soluzione dei problemi non semplicemente nella politica, ovvero in un pensiero più maturo di ragionevolezza. La conversione dell'Innominato e l'abbandono del Castellaccio sono state immaginate metafore di riforma del pensiero razionale occidentale, non più basato sull' "io penso", considerato che la certezza del pensare è coscienza "non iscenza", come afferma Giambattista Vico. Questo pensiero è certezza del pensare arrogante che conduce all'astrattezza e alla sofisticazione del sapere e, di conseguenza al suo inaridimento. La conversione è la metafora del pensiero complesso dell'umano basato sulla maturità del pensiero ragionevole del sapere secondo cui quello che non sappiamo è molto di più di quello che sappiamo. E così tutti i personaggi, ognuno con la propria essenziale specificità di pensiero (dell'umano, di cittadinanza e della politica), con l'aiuto di un don Abbondio abilitato di prudenza razionale, si mettono alla ricerca di un nuovo autore (di un nuovo pensiero).

L'obiettivo dello studio letterario è quello di una concreta formazione umanistica dei ragazzi, perché in questa conoscenza i ragazzi hanno la possibilità di reperire radici proprie, dove è possibile riconoscere le proprie capacità e la possibilità di esplicitarle e vederle fiorire, che è l'"arte del vivere", ambizione fondamentale di ogni insegnamento. Ma la via per raggiungerla è nella salda consapevolezza didattica della disciplina come strumento di educazione umanistica; che non è un semplice imparare l'autore ma comprenderne la personale visione della condizione umana. Questo è il punto della coscienza didattica: coscienza della medietà dell'insegnamento, di posizione media (di mediazione) tra le discipline e la vita dei ragazzi, coscienza di quanto le parole dei poeti e i racconti dei romanzieri possono aiutare a capire il mondo, comprensione della corrispondenza tra quanto si apprende in classe e quando si intravede dalle finestre dell'aula. L'operazione didattica è la possibilità di mostrare ai ragazzi di quanto si dispieghi la letteratura e la storia a quell'intimo rapporto con la vita, legame spesso avvertito ma non compreso, anzitutto quello tra letteratura e umanesimo giovanile, tra storia e studente cittadino.

Un obbiettivo fondamentale di educazione umanistica

Quali umanesimi porta con sé la nostra letteratura e qual è quello che hanno davanti i giovani d'oggi dopo il disincantamento razionale e il suo disfacimento ideologico?
 Quale uomo e quale cittadinanza ha davanti a sé la nostra civilizzazione democratica? Quale democrazia, quale Europa? La preoccupazione che anima il nostro insegnamento letterario è che il futuro delle società moderne pur essendo legate a una buona istruzione tecnico–scientifico, è altresì connesso al altre capacità essenziali, altrettanto importanti. C'è un grande bisogno per la salute della democrazia delle capacità di pensare criticamente partecipe della vita sociale, dove è implicito che non ci si salva da soli. In un mondo così interconnesso c'è bisogno di comprendere i problemi in qualità di cittadini del mondo, sapendo salvaguardare la sovranità nazionale in un destino unitario degli uomini, imparare a "raffigurarsi simpateticamente la categoria dell'altro", e tali capacità dipendono fortemente dagli studi umanistici. L'anima dell'insegnamento didattico della conoscenza letteraria è che contenuti e obiettivi della disciplina devono rispondere al bisogno degli allievi

di comprensione dei problemi della vita, ovvero utilizzando l'insegnamento didattico-ponte tra letteratura e vita. Oggi il pensiero umanistico ha bisogno di essere più accorto sui suoi rischi rispetto al pensiero degli Antichi, che riconosceva valori, e dei Moderni che conferiva valori. C'è bisogno di avvedutezza di pensosità critica e autocritica, che sappia tenere il pensiero a giusta distanza dal pensato per mantenere la credibilità del suo rapporto con i valori. Le riflessioni dei ragazzi sugli sviluppi antiumanistici della letteratura contemporanea unitamente alle osservazioni sulla vita di oggi, sui nostri comportamenti e sulle scelte che facciamo nella quotidianità, mettono in evidenza un guado umanistico nuovo e insidioso: il passaggio da un uomo troppo sicuro dei suoi appoggi esistenziali, sicuro delle sue appartenenze di cose e persone e delle sue idee ordinative della sua vita nel mondo, a un uomo senza più sicurezze. Circola intorno ai giovani una mentalità subculturale di infondatezza umana e civile, di assenza di futuro: un tempo critico della speranza, esaurito di aspettative importanti, un'aria che tende a debilitare il pensiero di vita pensata che arresta il desiderio nell'assoluto presente. Ma oggi che l'uomo si trova in una condizione di "adattamento passivo" non più di azione sul mondo con cui si è generato, a differenza di quello animale preordinato istintivamente all'ambiente, che fine fa il suo processo di emancipazione di oltrepassare l'ambiente. Che fine fa quello di "adattamento attivo", che consisteva nel creare e controllare le condizioni esterne di esistenza, dell'esistenza umana. Non è più un normale passaggio epocale di culture o valori ma una modificazione antropologica, una specie di corrosione del pensiero, ridotto a fenomeno comportamentistico appropriato a un determinato insieme di contingenze, di vita programmabile e manipolabile. C'è un grande bisogno di riprendere lo sviluppo dell'umano nei limiti e nelle possibilità di soggetto umano, e questo dipende dalla ripresa di fiducia del pensiero, che ha bisogno del mondo ma anche di se stesso, di pensiero sempre costretto-impegnato a darsi un mondo, di pensiero capace di idee e di visione. Ai giovani tocca di attrezzarsi meglio con un urgente bisogno di rieducazione di un pensiero più maturo, di capacità prudenziale della razionalità, di distinzione delle sue funzioni conoscitive dai dati prodotti o dalle cose, idee o cose in cui il pensiero resta impigliato, di connessione e sconnessione con il mondo, di pensiero che si chiude e si apre, di convinzioni che si aprono ai dubbi. Le traiettorie dell'esistenza dell'uomo moderno (le ideologie) appaiono spezzate, le sue coordinate umanistiche e civili appaio sbriciolate nel vortice della nuova realtà ipereale, sovrabbondante di cose e di scelte, di fronte a cui il pensiero che in passato credeva di saper prevedere le cose ora può solo cercare di star dietro in un continuo movimento desiderativo. Il pensiero oggi non è lo stesso di quello del passato, quando pretendeva di stare sopra con i suoi centri valoriali e istituzionali che tenevano insieme la vita umana con le sue idee ordinative del mondo. Il pensiero razionale della tradizione occidentale oggi appare illusorio e fuori luogo, e l'uomo contemporaneo avverte la nuova precarizzazione del suo essere sottoposto a un mondo pieno di cose e di scelte, che tende a soverchiarlo. Orfano di quella razionalità di pensiero occidentale non sa quale razionalità e quale umanesimo possa ridare chance a una nuova soggettività umana. È avvolto in un'infinità di connessioni ma senza legami con il mondo, senza essere collegato a nulla. É un assalto al io che attutisce la soggettività intelligente, che perde profondità e comprensione del mondo, significato e valore delle cose stesse e possibilità identificativa di crescita della soggettività. L'homo consumens è in continuo movimento desiderativo, il suo principio etico non è propriamente avere–acquistare le cose ma fare posto a nuovi inizi, il principio del rapporto tra pensiero e cosa è quello di smaltire le cose, non è la gioia di esperienza, ma la banale e fine a se stessa soddisfazione di consumare novità. Il pensiero è posto a ingurgitare il mondo come inedita possibilità di libertà e affermazione di sé, in una relazione scarsa di reciprocità con il mondo, come spettatore di un mondo in cui non vi prendiamo parte, ma ne consumiamo solo le immagini. L'uso e ancor più l'abuso dei nuovi strumenti di comunicazione penetra ogni luogo di vita rendendoli labili. Se la tecnica cessa di essere un mezzo per l'uomo per diventare un apparato di cui l'uomo è un suo funzionario, ciò vale anche per i mezzi di comunicazione che sono un mondo che sostituisce il mondo, un vivere nel mondo del racconto, dove agisce un'esperienza indiretta fatta da altri che esonera e pregiudica la nostra esperienza diretta. Si tratta di una modificazione del nostro modo di fare esperienza, fuori dai media non c'è altra né diversa esperienza. Per chi parla e chi ascolta non c'è più una diversa esperienza del mondo, sempre più identico e omologativo il racconto del mondo raggiunge l'intero sociale. Oltre i media non ci sono più spazi come nel passato di descrizioni fatte con le idee delle epoche precedenti per confezionare il mondo. In questa nuova permeabilità della vita inondata da un mare di scelte, in cui si perde il controllo della scelta e perciò la possibilità progettiva–identificativa dell'essere, si aggiunge la nuova dimensione della comunicazione che penetra ulteriormente i momenti e gli ambiti della vita rendendoli più insignificanti di esperienza. Appare la vita di un uomo in un mondo che c'è e non c'è, dove è facile non prendersi cura di niente. Diventa una vita di niente dove è impossibile garantirsi esperienze importanti di cura del mondo, una vita identitaria dell'essere, di una possibile soggettività umana. Il presidio della soggettività è intrinseco a quello delle sue esperienze importanti, ma queste sono appartenenze del tempo dell'uomo che è il tempo della lentezza, quello della memoria e della speranza, quello dell'attenzione alle esperienze passate e alle conseguenze future, e quello dell'attenzione al tempo presente, quello del qui e ora, purchè l'attimo successivo non giunga "così in fretta che diventa difficile vivere nel presente". Sono tempi e luoghi di cura dell'essere, ma senza tirannia di alcuno, sono i luoghi del tempo di cura di cose e persone, che sono le reciprocità di pensiero e mondo che aiutano a crescere, a formare la consistenza identitaria dell'essere (di chi siamo e possiamo essere). Questa reciprocità tra pensiero e mondo è messa a dura prova dal sistema dei mass media nel quale è abolita la differenza tra le esperienze del modo su cui si basa il bisogno comunicativo. Ma la reciprocità tra pensiero e mondo è fondamentalmente azzerata dall'apparato tecnico che ha fatto del pensiero un suo funzionario, dove fare le cose non è più un affare nostro ma una faccenda della tecnica, che esonera la nostra soggettività di esser–ci con il mondo per costruire identità–maturazione di sentimenti e pensieri. L'uomo contemporaneo e ancor di più i giovani rischiano di non avere punti di memoria sicuri su cui poggiare e costruire la sua possibilità identitaria, con cui realizzare il suo esser–ci nel mondo. L'uomo d'oggi avverte il suo indebolimento e quello delle sue appartenenze di qualità umana, unitamente a quelle delle sue garanzie di civiltà, e questa orfanità di assicurazioni lo costringono a darsi una funzione di centro, più opportunamente, propende a negoziare volta per volta, momento per momento, quello che gli serve di essere. Perciò c'è un urgente bisogno di formazione umanistica nei giovani, di pensiero critico dell'uomo ma pure di valore dell'umano, una competenza che può aiutarlo a difendere il suo pensiero. Appare un mondo postmoderno di esperienze incessanti e labili in cui vengono a mancare alle nuove generazioni esperienze di appartenenze importanti su cui nascono e crescono i processi di formazione dell'identità, quelli di formazione dell'essere, della nostra unicità, del nostro contenuto. Da qui la strategia dell'apparire dell'uomo contemporaneo: l'immagine è la prima cosa di investimento in questo tempo confezionato di esperienze di immagini-idolo omologative, in cui l'apparire ha un valore maggiore dell'essere, perché è l'emblema di uno status alternativo a un vuoto di identità, a tanta solitudine. È il rischio della consistenza umana? Appare la rivincita del reale sull'ideale, la rivincita del reale sulla presunzione razionale del pensiero occidentale, persuaso da troppo tempo di un sapere – potere dominativo (da quello del sapere già sovraordinato del mondo degli Antichi a quello del sapere ordinativo dei Moderni). È comunque evidente che la storia, di cui l'uomo è stato attore fondamentale, retroagisce su di lui modificandolo, ma questa volta cambia il ruolo dell'uomo nel mondo, il suo rapporto con la cultura non è più quella di un soggetto con le sue idee di descrizioni del modo (come nelle società pre – teclonogiche); questa volta la tecnica si emancipa da lui, nel senso che non è la sua ideologia a descrivere il mondo, ma è la tecnica che fa cultura, cultura anti – ideologica, con lei si ha il rovesciamento di tutti i valori perché pensa se stessa come verità da superare, non è più una sostituzione di valore con un altro valore, ma la destituzione del valore del valore, e l'uomo come tutte le cose è posto all'impiego della funzionarietà tecnica. Sembra una rivincita del mondo sul pensiero – sapere – come potere dominativo del mondo che ora è costretto a ripiegare su un sapere – come potere di scelte rincorrenti un mondo sempre più pieno e sfuggente, dove il mondo stesso è senza una finalità che non sia il semplice progresso tecnologico. Appare l'impiego di un pensiero di giustizia, bellezza e verità più leggero, più pragmatico, più di scopo che ordinativo, un pensiero del pre – razionale che piega la sentimentalità sul versante del puro atto desiderativo; ragione e sentimento appaiono disciolti nella reificazione di cosa tra le cose, senza più l'intenzionalità di ricerca di verità: menti di nulla più spiritualizzate perché tutte immerse nei sensi, tutte rifugiate nei corpi, inclinate all'ultima o primaria chance del necessario, del comodo, dell'utile, del piacere o del lusso. È solo il degrado dell'inaridimento del sapere o anche la possibilità di ripresa del cammino del pensiero in grado di alimentarsi alle sorgenti profonde e remote dei sensi per riprendere il "progetto ideale" da cui nonostante tutto (involuzioni e ristagni) la storia e l'uomo sono posseduti? È la rinuncia alle possibilità razionali o il guadagno di coscienza critica dei suoi limiti senza rinuncia alle sue possibilità? Appare il punto di un cambiamento antropologico dell'umano. E se così fosse, verso quale sapere? Di ripresa del cammino del pensiero razionale? Convincere i giovani della possibilità di un pensiero più maturo, più avvertito di prudenza, più cosciente che gli ideali di giustizia bontà e verità non sono in possesso degli uomini né tanto meno della storia; convincerli della possibilità di pensiero cosciente di sé e della sua storia, perché sa che pur vivendo sotto l'influsso di un progetto ideale, lui non ne è il padrone, e la storia non ne è lo sviluppo lineare e progressivo, perché sa che questi ideali posseggono l'uomo ma non sono posseduti dall'uomo, perché sa che la ragione non è una forza destinata al trionfo e così la storia, perchè sa che entrambe possono deteriorarsi, ristagnare e andare in decadenza? Oggi la speranza è che l'uomo riesca a sfidare la tecnica proprio sul suo terreno anti – ideologico, un pensiero che pensa le proprie ipotesi come per principio superabili. Oggi c'è bisogno di educazione di un pensiero più avveduto del pensiero razionale moderno, più maturo di pensosità critica e autocritica, un pensiero distaccato capace di guardare a distanza il pensato. È in questo quadro culturale di criticità umanistica della vita di oggi che è nata l'idea della scrittura di un testo teatrale che mettesse in chiaro la comprensione della questione umanistica oggi attraverso il suo essenziale rapporto con la letteratura. Abbiamo avviato il progetto quasi senza rendercene conto quando la discussione andava a stringersi su alcune domande: "chi siamo e dove andiamo", verso quale sapere, verso quale salvaguardia di capacità umane? Quelle di una ragione nuova, cosciente dei suoi limiti e attenta al tanto di ciò che non sa e al tanto di ciò che dimentica e tralascia, che non rinuncia alle sue possibilità umane e civili o quella di un pensiero un po' perso di ragione e di speranza che ripiega verso abilità puramente tecniche e conoscenze pratiche a scapito di intelligenze flessibili, di pensiero critico e forza di immaginazione, di rinuncia rischiosa alle possibilità umane? E cosi, anche il dibattito successivo alla rappresentazione del testo *"Personaggi in cerca di un nuovo autore"* ha posto una riflessione importante, unitamente al nostro obbiettivo di educazione umanistica; ci siamo chiesti, cioè, se la criticità delle nostre democrazie fosse intimamente ed essenzialmente una crisi umanistica; una incapacità di "trascendere i localismi" e "di raffigurarsi simpateticamente la categoria dell'altro", un bisogno di cittadini del mondo! Sarebbe una ragionevole convinzione l'idea che le democrazie hanno bisogno della cultura umanistica, di una scuola per i giovani di educazione dell'intelligenza di sé e del mondo.

Personaggi in cerca di un nuovo autore

"*Mi è odioso ciò che mi istruisce,
senza accrescere o vivificare
immediatamente la mia attività*"

J. W. Goethe

I TEMPO

Interno della casa di Renzo e Lucia. Su una parete, in alto, un ritratto di Manzoni. Renzo rientra a casa dopo un colloquio in banca, dove è ormai chiaro il suo difficile debito, e trova Lucia che riguarda le bollette da pagare.

RENZO (*entrando in scena*) - Indebitati è peggio della carestia.

LUCIA - Blà, blà, blà, sì, la carestia. Ma il vizio delle osterie (*mimica del tracannare*) non l'hai perso, lo hai solo aggiornato coi pub, e non hai perso nemmeno il vizio della baldoria, il vizio della baldanza sotto i palazzi, il vizio della spavalderia quando si sta tra la folla. La spavalderia che finisce subito dopo che esci dalla piazza e ti ritrovi davanti il mutuo e le bollette di casa.

RENZO - E già! io son il popolano, quello del casino della piazza, adatto a far baldoria non adatto a far giustizia. E già! perché la giustizia non è lotta degli oppressi, la giustizia è il buon cuore di chi comanda, di chi sta nel Palazzo!

LUCIA - La giustizia la vuoi fare con la rabbia degli scapestrati!

RENZO - Già! Che può fare la rabbia della piazza!? Questo l'hai imparato da Lui, dal tuo Autore, vero? *(Renzo si accompagna col dito insistente sull'immagine di Manzoni, nel quadro posto sulla parete)*

LUCIA - Il tuo Autore!! Io non ho più nessuno e ho già fatto le valigie... il Renzo furioso e scapestrato l'ho imparato da te. Ascoltami bene, la giustizia sono i soldi che ci mancano a casa, sono i figli che hanno bisogno d'aiuto.

RENZO - E per questo la piazza non serve?

LUCIA - Ma dove vivi?! non più c'è né piazza e né palazzo.

RENZO - Che bella la nostra città, vivremo una città tutta nuova, senza palazzo e senza piazza.

LUCIA - E fra poco vivremo anche senza la casa!!! *(gridando)* Finiremo impiccati con la corda dei tuoi debiti! Qui finiamo sotto i ponti...ma tu avrai la consolazione di un monumento alla memoria... qui, sotto un ponte fu l'ultima dimora del primo eroe popolano moderno Renzo

Tramaglino, qui sotto i ponti fu la sua repubblica e la sua democrazia.

RENZO - Credi che io non pensi alla casa?

LUCIA - No! Non ci pensi. Devi decidere da che parte stai: o la casa o la tua fantasticheria della città giusta... se vuoi veramente salvarla.

RENZO - Ma se affonda la città come salvi la casa??!!

LUCIA - E già: la salva la città del sole, la tua repubblica? La salvi con la legge giusta che sblocca il credito alla tua impresa che non ce la fa più?... la tua città ti affosserà!!! Ma non vedi... la tua democrazia si è sciolta in una ricotta di buchi e ognuno scava il suo buco.

RENZO - Vuoi spiegare a me questa gruviera di buchi, buchi piccoli e buchi grandi, che stringendosi han finito tutto il formaggio... e il formaggio è andato tutto nei buchi più grandi.

LUCIA - Perciò!!... C'è rimasta solo questa (*la testa*) ma non nelle nuvole...sulle spalle, c'è solo la testa sulle spalle di ognuno; i muri del Palazzo e della Piazza non esistono.

RENZO - Che bello!! Devo fare il mio buco al formaggio. Siam passati dal voto per testa al buco di ognuno per testa; fine della vecchia rivoluzione ecco la nuova: dal popolo sovrano al popolo della ricotta, dove ognuno scava il suo buco; piazza e palazzo si son sciolti in ricotta …compreso il marito. Già! Il marito senza liquidi è più liquido della ricotta.

LUCIA - Il marito!… dimmi tu promesso sposo… a che serve un marito se tracanna e fantastica la piazza… figuriamoci se poi ha i debiti.

RENZO - E il padreterno, il tuo Dio…? è finito anche lui?

LUCIA - Ha cambiato cielo.

RENZO - Marito e padreterno se ne può fare a meno, auguri a te che ora sai trovare chi ci salva di giustizia e libertà.

LUCIA - Ancora!... (*sempre più insofferente*) Giustizia e libertà sono i soldi per le bollette, sono i mutui e le tasse da pagare. Il popolo del mondo giusto non esiste, è solo nella tua testa che è rimasta tra le nuvole. Gli assalti contro il Palazzo sono illusioni, sono fuori uso.

RENZO - Gli assalti ricominceranno più di prima … ma la mano del tuo Dio dove è finita?

LUCIA - Non lo so, di sicuro è finita la tua lotta di giustizia. Il mondo è quello che ognuno può avere qui e ora.

RENZO - Allora ogni speranza è caduta in terra, il cielo e le stelle son scesi anche loro per gli acquisti del mese? Ogni voce chiama il suo carrello per portarsi il mondo a casa. Tutti in fila…tutti uguali…il mondo giusto si può fare senza piazza e senza Dio… peccato, peccato che siam tutti indebitati.

LUCIA - Questo è il mondo dove ognuno può avere un po' di mondo, senza urli e senza preghiere…ma solo se metti la testa sulle spalle, se metti a terra i tuoi romanticismi. Lascia perdere i tuoi mulini a vento: i tiranni e gli oppressori son finiti, e lascia perdere le moto e pure le cenette di ogni sera.

RENZO - Io ho imparato a lavorare (*gridando*) e ho imparato la regola dei soldi, quelli veri… quelli che ho imparato a guadagnare; io appartengo al mondo del lavoro, quello senza debiti.

LUCIA - Vi presento la Repubblica del Lavoro: indebitata e senza lavoro.

RENZO - È il Palazzo che inquina la giustizia di tasse e ruberie, è lui che non sa stare dalla parte di chi lavora e di chi è giusto.

LUCIA - E allora lascia perdere gli assalti!

RENZO - Io sono Renzo del lavoro, la mia giustizia comincia nella propria casa.

LUCIA - Tra poco ci toglieranno proprio quella, la tua casa.

RENZO - La mia casa è la mia giustizia, è quella dei soldi guadagnati bene, io sono Renzo del lavoro onesto!, qualche sfizio mi son tolto anch'io ma la moto è già da tempo nella polvere del sottoscala, posso farne a meno, il mio lavoro e gli amici no.

LUCIA - L'amicizia!!... L'ultimo tuo amico c'è mancato poco che non ti portasse in tribunale e il tuo lavoro, la tua fabbrica ha lasciato solo debiti e un mutuo da pagare.

RENZO - La casa che hai voluto al mare con giardino e giardiniere, e con bagni e terrazzi a bel vedere, quella no... non c'entra con i debiti.

LUCIA - La casa è un'altra cosa.

RENZO - E già, i soldi per la casa più bella e più grande, per quella in collina con veduta sul mare e giardino a prato inglese non c'entra, non c'entrano i soldi per quella.

LUCIA - Meglio i soldi per la casa che i soldi finiti nelle ragnatele del grande capannone, la tua bottega non ti bastava, ci voleva la fabbrica per l'imprenditore eterno della tessitura.

RENZO - L'imprenditore ti andava bene per riempire armadi e scarpiere.

LUCIA - Questa era la promessa ...

RENZO - Lo sai bene che i piaceri li ho sempre rinviati a dopo.

LUCIA - Principalmente quelli che potevi condividere con me, ma non ti sei fatto mancare le cose che piacevano a te.

RENZO - Ho avuto sempre pochi svaghi, lo sai bene. Ho sempre pensato al lavoro e al futuro.

LUCIA - Già, le tue grandi passioni: il futuro dell'impresa… il futuro della tua giustizia. Il futuro!! Che bello il tuo futuro di lavoro e di giustizia!

RENZO - Ho creduto nel lavoro e anche in una giustizia più giusta.

LUCIA - Tanti auguri!!

RENZO - Ho cercato il meglio che si poteva fare per me e per gli altri.

LUCIA (*Con ironia amara e pungente batte le mani*)

RENZO - Io sono quello che sono stato! E tu?!

LUCIA - Io son quella di nessuno, quella che mi capiterà di essere ogni giorno che viene.

RENZO - E ogni giorno cercherai di essere qualcuno?

LUCIA - Ma sceglierò io chi essere in ogni momento, non farò scegliere più nessuno, nemmeno al padreterno.

RENZO - Tanti auguri a te che potrai essere una Lucia diversa ogni giorno, potrai essere centomila Lucie.

LUCIA - Sarò una Lucia libera, libera dalla trappola, libera dalla forma che Lui (Manzoni) mi ha dato, donna di Dio e di marito non mi si addice, con queste forme non posso far niente per la mia vita di ogni giorno. Dio e marito non mi aiutano a superare le fatiche delle mie giornate; che ci faccio con un Dio che ha cambiato cielo e con un marito rimasto a vivere tra le nuvole, che ci faccio..., che aiuto posso avere contro le bollette che non si possono pagare, che illuminazione posso avere per questi figli che non hanno più mano che sappia tenerli per mano?!

RENZO - E sì, ti ci vuole un altro Dio; quello che ti aiutava contro i prepotenti non ti serve più, ti serve un Dio per ogni occasione della settimana…perciò quello di prima l'hai passato in sacrestia e sull'altare ci hai messo il parrucchiere.

LUCIA - Al fanfarone non poteva mancare il gran cafone; promesso sposo… assicurato di moglie sempre a casa e a messa ogni domenica.

RENZO - Che bel guadagno hai fatto cambiando le visite di fra Cristoforo con quelle di Pino il parrucchiere.

LUCIA - Ma che ne sai tu della mia vita! Un uomo è sempre un maschio… che potete sapere di noi voi che negli occhi avete sempre questa trave maschilista.

RENZO - Va bene, era un'esagerazione quella di esser donna di marito, hai smesso la preghiera e va bene pure con la preghiera, può darsi che fosse un'esagerazione anche questa, ma non penso ti abbia giovato diventar Lucia in fondotinta e in shopping per le vie del centro.

LUCIA - Tu invece non sei cambiato, sei rimasto quello di sempre incantato fuori e rozzone dentro. Le cose belle della vita sono un sollievo che giova a tutti, non solo per noi donne, anche per i cafoni come te se solo avessero un po' più di memoria. Gli inginocchiamenti alla bellezza della tua Lucia li hai dimenticati, un tempo il fondotinta e la bellezza di Lucia ti andavano bene.

RENZO - Ho cercato di volerti bene, ma questa divinità della bellezza rischia spesso di finire nei bigliettini da cioccolatini o nei ritornelli della musica leggera, oppure nel ricordo sbiadito del primo amore che non si scorda.

LUCIA - Ecco la saggezza dei bavosi... ma la bellezza non è solo per chi è giovane!

RENZO - Ma ha il difetto di durare poco, è sempre difficile che sia quella più giusta.

LUCIA - Certo, quando la bellezza è affidata a voi che siete prima di ogni cosa sempre maschi, prima di tutto maschi e poi quando vi riesce provate a fare gli uomini.

RENZO - Onore a voi che avete la sapienza di bellezza del gentil sesso.

LUCIA - L'animo gentile l'avete pure voi, ma solo quando fate i cascamorti.

RENZO - Roba da giovani ...

LUCIA - Non so se la bellezza sia la miglior forza della contentezza della vita, ma è una delle poche cose di sollievo che è rimasta: un bel vestito è un modo per luccicare un po' il grigiore delle nostre giornate. Più che le illusioni valgono le belle sensazioni, sono la migliore libertà che c'è.

RENZO - Cambiare vestito ogni giorno, ecco l'infinita risorsa della felicità…meravigliosa libertà di cercare ogni giorno le gioie in vetrina, meravigliosa libertà di avere in offerta il godimento del proprio ritratto più bello.

LUCIA - La bellezza è una forza di vita buona per tutti, a condizione che non capiti sotto gli occhi di uno zoticone.

RENZO - E già, è così che d'ora in poi cercheremo la nostra vita buona, evviva la vita di sensazioni; ognuno potrà cercare la sua forza nella tintarella di mare o di neve, in jeans e maglioni firmati, tutti in fila alla fiera della bellezza, tutti in fila per la nuova bellezza di iPhone, tutti in fila per la degustazione di ostriche e vini pregiati. È divertentissimo a patto che ognuno rimpiazzi ogni giorno la propria vita, il proprio io con un'altra sensazione più bella.

LUCIA - Tu invece potrai curare il tuo ritratto nelle ragnatele del tuo lavoro passato.

RENZO - Io non ho scorciatoie di vita bella, non vado in cerca di facili piaceri da rimpiazzare ogni giorno, è il lavoro la mia vita buona.

LUCIA - E trovatelo!!

RENZO - Lasciando il mio lavoro?!

LUCIA - Ma quale lavoro! Il tuo lavoro non esiste più. Trovatene un altro!!!

RENZO - Alla mia età il mio lavoro è quello che so fare, non è quello che si cerca di qua e di là, non è una cosa che trovi nei consigli per gli acquisti.

LUCIA - Eccolo!...Vi presento l'idealista del lavoro. Inchiniamoci al tuo ideale di lavoratore eterno della tessitura e di cittadino imperituro della democrazia.

RENZO - Sono diritti non sono sogni.

LUCIA - Le armi sicure di vita non esistono, le tue eternità sono solo nella tua testa, sono romanticherie, incantamenti. Dimenticale e trovati un altro lavoro.

Renzo - Il mio lavoro è la mia vita, il mio lavoro sono io. Non sono un uomo annoiato di una vita che non è sua; ho curato la mia vita con le cose che ho potuto fare, e queste sono il mio mondo; che vantaggi avrei di fuggire, di cambiare il mio io, quale altro io potrei avere dalla vita!

LUCIA - Il tuo io è sospeso nel vuoto, tu avresti il centro di te stesso, il tuo centro è Lui, il tuo autore, è Lui il tuo quartier generale, ti illudi di un'identità che Lui ti ha dato ma che la vita ti ha tolto.

RENZO - Nemmeno la vita può togliermi quello che sono.

LUCIA - La tua giustizia di popolo e il tuo lavoro non ci sono, sono solo nella tua testa.

RENZO (*a voce alta*) - Bene! Posso dire di avere una testa.

LUCIA - Ognuno da solo può decidere di vivere con la testa che vuole, ma da solo!!!, da solo tu e la tua testa. Lo puoi fare in un solo modo, con la pazzia, ecco la tua nuova vita, solo così puoi fermare la vita e assaporare ogni giorno il tuo lavoro che non c'è. La pazzia è la sola forma che ti resta di essere.

RENZO - Sarebbe meglio per te! Così portai fuggire dai tuoi nuovi nemici, ritornare ad essere quella del sogno che vinceva ogni nemico.

LUCIA - Io non faccio più parte di quel sogno!!..Non vince nessuno, nemici e amici sono punti sfuggenti e mobili: compaiono, scompaiono, altri ne ricompaiono per scomparire di nuovo; gli amici di oggi possono essere i nemici di domani e i nemici di un tempo possono diventare gli amici provvisori di oggi, e lo sai bene anche tu. Dove è finita la tua squadra di amici, la squadra dei tuoi lavoratori?!, quando c'era da stringersi insieme per salvare la fabbrica… la squadra si è sciolta e sei rimasto tu e i tuoi debiti.

RENZO - Questa è un'altra cosa.

LUCIA - La realtà è molto di più di tutti i sogni del mondo; quello che è certo adesso non è certo domani. La vita è un'abitazione senza muri, senza fondamenta, è uno spazio mobile che ogni giorno cambia il suo tetto, cambia il suo posto e le sue camere, ognuno ha da capire ogni giorno l'angolo dove trovare riparo e riprendere forza per trovare qualche altro spazio di vita.

RENZO - Hai sfidato e sconfitto i potenti, ora vuoi trovare l'angolo del riparo.

LUCIA - Non ho sconfitto un bel niente, per un nemico sconfitto ce ne sono altri cento o mille già pronti che ti aspettano.

RENZO - Sarai più della Lucia di prima?

LUCIA - Sarò la Lucia che posso essere.

RENZO - Io non cambio il mio posto, rimango dove sono sempre stato.

LUCIA - Renzo contro il mondo. Povero romanticone, bevi ancora quella burla! Il mondo è un beffatore e io non mi faccio più beffare. Il mondo più lo sfidi e più ti supera, più lo sottometti più ti schiaccia, più lo vuoi far tuo più ti fa suo.

RENZO - E tu chi sarai?!

LUCIA - Io cambio il mio posto, cambio il mio registro di donna di Dio. La realtà si è presa la sua rivincita contro tutti i sogni beffardi, a cominciare da quello di sposa; quando il mondo era più piccolo il mio nemico sembrava di fronte; il nemico aveva la sua dimora, il Castello, ora non ha né volto e né dimora: me lo ritrovo in cento e mille nemici di ogni giorno; il mio don Rodrigo si è disseminato, ce l'ho addosso che mi avvolge di tentacoli, mi avvinghia, l'ho sempre attorno senza averlo più di fronte.

RENZO - E cosa vuoi fare?!

LUCIA - Voglio cambiar registro alla mia vita: i nemici si son moltiplicati che mi tolgono ogni spazio di respiro, li ho fianco a fianco, con debiti e mutui da pagare; con te che sei perso tra le nuvole e con i figli che non sono figli, la mia vita è l'odissea di ogni giorno. Non so se sarò una Lucia più forte di prima, voglio solo essere Lucia di quel poco che posso avere dal mondo e dalla vita che mi resta da vivere.

RENZO - Non vuoi essere più di nessuno…tieniti almeno Dio…

LUCIA - Lascia perdere Dio.

Una voce fuori campo interrompe la scena teatrale: sono gli alunni che si rendono conto che la rappresentazione va troppo oltre quello che immaginavano, restano alquanto sorpresi dalle scene in cui Renzo e Lucia non si riconoscono più, una storia che appare inverosimile, e quindi si rivolgono al professore.

Antonella - Ma questi non sono più I Promessi sposi.
Andrea - In queste scene non sono più riconoscibili, sembra che sia successo qualcosa.
Professore - Sono usciti dal romanzo per vivere la loro vita di oggi.
Giorgio - Ma questi litigano di brutto.
Professore - Non sono più personaggi manzoniani, hanno bisogno di uscire da quel personaggio per cercar un'altra vita, si trovano a cercarla in un'altra epoca, la nostra; è la vita "la grande giocatrice" dei valori, cambia la vita e cambiano i valori della vita.
Alessia - A sentirli parlare sembra vi sia un contrasto insanabile tra Renzo e Lucia.

Professore - Nella vita che ora vivono il nemico sono i debiti e non solo. Renzo e Lucia hanno due modi diversi di affrontare questi problemi.
Beniamino - Renzo sembra più uguale a quello di prima, sembra non volere uscire dal personaggio precedente.
Saverio - È rimasto legato al suo lavoro e alla sua giustizia.
Professore - Sono i suoi appoggi, i punti fermi della sua vita, la sua fede, il suo pensiero un po' romantico apertamente in contrasto col pensiero di Lucia che lo accusa di essere perdutamente manzoniano.
Lara - Lucia è totalmente cambiata, ha dimesso del tutto il pensiero di fede e non vuole essere più donna di marito e nemmeno di Dio.
Professore - Lucia non vuole essere più di nessuno.
Lara - Ma perché?
Beniamino - È delusa.
Professore - No ... molto di più, è disincantata, non crede più che ci siano sicurezze e certezze, appoggi sicuri di vita, mentre Renzo è rimasto ancora fedele a quegli ideali a cui crede da sempre.
Rachele - Per Lucia è un cambiamento radicale. C'è un contrasto forte di pensiero tra loro.
Professore - Per Renzo c'è ancora la speranza di giustizia civile e del suo lavoro, per Lucia non ci sono vie sicure, perciò non vuole essere più di nessuno, né marito, né si sente sicura della mano di Dio.
Rachele - Come uno, nessuno, centomila.
Alessia - Come un personaggio pirandelliano?
Giuseppe - Qui è come una partita Manzoni Pirandello.
Professore - Proprio così, sono diventati profondamente diversi nel loro modo di cercare la vita! È lo scontro tra due umanesimi, o meglio tra un umanesimo e un antiumanesimo.

Michelangelo - Allora nella nuova vita sono cambiati anche gli altri personaggi?
Lara - Don Abbondio ... qual è la sua vita oggi?
Beniamino - Azzeccagarbugli?
Professore - Vediamo.

RENZO (*continuando il dialogo con Lucia*) - Dio può aprirti gli occhi per vedere il vero Renzo che sono.

LUCIA - Sei tu che mi hai spalancato gli occhi per vedere il vero Renzo, il vero inconcludente che sei. Non è Dio che me li apre: se era qui il padreterno me li accecava ancora di salvezza di donna col marito.

RENZO - (*rivolto a Manzoni*) Fede e speranza le hai mal riposte... son finite male. A me che non son perso di speranza, che ho ancora un po' di fede, dammi la soddisfazione che mi spetta, dammi il tuo ravvedimento, ora che puoi vedere meglio puoi dire che la mia fede di giustizia non è un'inconcludenza, dammi ragione che la fede e gli urli della piazza son sempre necessari.

LUCIA - Dai parla con i morti, convinci anche il tuo autore a scendere con te in piazza.

RENZO - Qui la decisione è unanime (*sempre rivolto a Manzoni*): è meglio andare dove si può scansare la fede e avere in cambio i saldi di ogni stagione e i piaceri per ogni gusto.

LUCIA - Tu che hai il palato fine deliziati con i morti; con quelli che non sentono e che non parlano ti puoi capire meglio.

RENZO - (*sconsolato e rivolto a Manzoni*) Tu che di fede t'intendi più di ogni altro dammi questa consolazione, Renzo non è uno scapestrato, un po' ribelle e a volte faccio la voce un po' rabbiosa, ma è così la piazza vera; l'altra, quella che non grida è una tavolozza di magna magna che sta a raccogliere le briciole sotto i balconi del palazzo. Pensaci, che è meglio la fede di chi si indigna per l'ingiustizia; (*a voce alta*) Renzo è meglio di quello che pensavi tu.

LUCIA - Sei peggio! Scapestrato prima, vanesio oggi (*gridando con rabbia*)! Non puoi essere più quello di prima: quello che tu vorresti essere non esiste, sei rimasto un personaggio, un personaggio senza mondo, e non sai entrare nella vita che continua.

RENZO - Io sono vivo di quel Renzo che sono stato e che sono ancora.

LUCIA - Ti resta solo la pazzia, rifugiarti nella maschera del pazzo e così potrai vivere la tua vita in piena liberta di ciò che ti par d'essere, in quella forma che Lui ti ha dato ma che arresta la tua vita. La tua illusione di uomo del popolo e di giustizia è al capolinea del nulla, ti resta la pazzia con cui potrai continuare a vivere il passato perduto.

RENZO - Il guaio è per voi che le vostre verità fittizie le vivete agitatamente, senza saperle e senza vederle.

LUCIA - La mia scelta, che sa e che vede, rifiuta ogni assicurazione di marito e ogni provvidenza di Dio, la mia scelta spezza le mie catene e rende lo spazio libero, libero per me stessa.

RENZO - L'uomo che sono stato è l'uomo che posso essere, lì sono le mie tracce e lì è ancora la mia vita di verità non fittizie.

LUCIA - Non sono tracce, sono stagni di putrefazione, ristagni del passato non il tuo io, l'io non è qualcosa di sicuro per sempre, l'io non è quello che hai dietro e nemmeno quello futuro, è quello che hai davanti ogni giorno, è quello che hai da fare ogni momento, l'io è quello che contratta con la vita di ogni giorno, il nostro io si afferma ogni momento che affronta le occasioni della vita.

RENZO - Un io che cambia ogni giorno non mi serve. Dimenticare non è la mia regola di vita.

LUCIA - Noi siam fatti di fissazioni e ognuno migliora eliminando le sue fissazioni; migliora la propria vita chi si libera dalle pastoie della memoria che lo intrappolano nelle abitudini passate.

RENZO - Io mi sento vivo dentro queste abitudini, non sono pastoie, i miei ricordi sono io, io vivo in questo io di prima; quel Renzo di prima è la mia vita!

LUCIA - Così muori, non vivi (*gridando*)! Non abbiamo radici, non siamo piante noi, loro sì, loro sono determinate ad essere quella pianta e non un'altra, noi no!... Noi non siamo predeterminati alla crescita come le piante, noi non abbiamo zolle che ci nutrono; non siamo preordinati da nessun ceppo.

RENZO - La mia anima è il mio ceppo.

LUCIA - L'anima! Già! Dimenticavo la tua categoria: i templari dell'anima contro gli infedeli del tempio. L'anima è l'invenzione di dignità degli uomini; l'anima non è un tempio è una fissazione, non ci protegge nessun ceppo, non ci sostiene nessun'anima, lo vuoi capire?!!, niente ci protegge! Siamo viandanti, viandanti senza tabella di marcia, ognuno è uno che non è uno soltanto.

RENZO (*con ironia*) - Ma certo! Ognuno è centomila, che bello essere più di uno, essere centomila è bellissimo.

LUCIA - Ognuno è quello che volta per volta sceglie il da farsi, il nostro io non ha vie preordinate da seguire, non ci sono assicurazioni per ciò che accade ogni giorno; sono i fatti che decidono il nostro io di ogni giorno.

RENZO - Auguri al tuo io che vuole disfarsi di ogni memoria e di ogni futuro, auguri al tuo io che non ha più da fare progetti.

LUCIA - Non abbiamo da fabbricare progetti; abbiamo da smaltire le fissazioni per far posto ad altre occasioni, altri momenti e altri inizi.

RENZO - Che bello!!... abili di ingozzarsi tra le cose del mondo.

LUCIA - Abili di star dietro alla vita, di cambiare strada al momento opportuno.

RENZO - Cogliere le offerte del giorno, questo è il tuo mondo.

LUCIA - Riconoscere le occasioni di vita, questo è il mio appoggio sicuro, senza illusioni di padreterno e di marito, senza protezioni di re e (*a voce più alta*) senza illusioni di popolo contro i tiranni.

RENZO - Anche la mia fede di giustizia ogni tanto traballa ma non è in vendita al diavolo.

LUCIA - Tu e io siamo stati messi a lottare contro i malvagi, tu che sei stato scelto eroe popolano della giustizia dovresti avere più gratitudine per il nostro autore.

RENZO - Conosco anch'io il mio autore, non mi serve la sua commiserazione, il compatimento degli umili non è la mia giustizia.

LUCIA - La sua giustizia non era né la tua e né la mia, la sua giustizia in terra non è opera degli uomini ma forza del cielo.

RENZO - Ci vorrebbe davvero un Cristo ogni giorno per i guai che si seminano in terra.

LUCIA - I guai si seminano quando la testa non sta sulle spalle... svegliati da questa fissazione di giustizia, la tua giustizia di popolo non esiste, e la forza di Dio ha cambiato cielo, non sono assicurazioni per la vita.

RENZO - Il popolo non funziona, il cielo nemmeno ... quale assicurazione ci vuole?

LUCIA - Ci vuole l'assicurazione di sempre, quella di chi in terra sta sopra degli altri.

RENZO - Quella di chi è più forte, più forte della legge di Dio e più forte della legge degli uomini. Ma se è legge del più forte è solo la legge del più forte.

LUCIA - È meglio di niente.

RENZO - Ma che legge è!!

LUCIA - È meglio delle protezioni di prima che non mi assicurano proprio per niente. A te, invece, il nostro autore ci ha azzeccato in pieno... l'ha sempre detto che hai bisogno di assicurarti una testa sulle spalle, (*rivolto a Manzoni*) qui ci ha azzeccato in pieno.

RENZO - Io mi sento più sicuro con quel Renzo che sono stato e che sono ancora.

LUCIA - Auguri a te! Personaggio eterno in cerca di giustizia, le tue parole mi fischiano sempre qui, nelle orecchie, "la farò io la giustizia, io!" Qui ci vuole uno della casa (*gridando*)!

RENZO - Io sono stato un uomo della casa?

LUCIA - No! E non c'è più tempo da perdere… svegliati che la casa è già in mano alla banca.

RENZO - Inventati un nuovo Dio, il Dio del credito al popolo dei senza tetto.

LUCIA - Prenditelo tu il mio Dio, la sua mano con te avrebbe funzionato meglio, chissà… con lui facevi la città del popolo, facevi la città di Dio.

RENZO - Non c'è bisogno di Dio, basterebbe un popolo diverso!

LUCIA - Sicuramente!!…(*a voce alta*) per far meglio il popolo degli indebitati.

RENZO - Io sono l'indebitato e tu la disperazione del consumatore perfetto non più promessa ogni giorno a un'altra tornata di shopping per la salvezza del mondo.

LUCIA - Deciditi a trovare un lavoro!!! Il credito a te per far fronte ai tuoi debiti è nelle nuvole della tua legge. Politica e banche han ben altro da fare che pensare alla tua fabbrica; t'illudi ancora che i soldi della legge servono a fare la tua impresa. I soldi non si usano per te ma per fare altri soldi a quelli che ce l'hanno.

RENZO - E credi che io non l'abbia capito!?

LUCIA - No! Non l'hai capito. La giustizia del debito e delle bollette non è quella del pane, non è quella dell'assalto ai forni che ancora tieni nella testa, non ci sono compagni e non ci sono partiti per la giustizia del debito e delle bollette.

RENZO - La giustizia è sempre la stessa.

LUCIA - La tua testa è sempre la stessa…fissata nel sogno di un assalto ai forni della città, sogno della città del sole e risveglio nella tua casa che presto si prenderanno le banche. Sarà questa l'ultima puntata e fine dei promessi sposi.

RENZO - Promessi sposi e promessi di niente.

LUCIA - Di chi, di che cosa mi dovrei sentire promessa… delle tue chiacchiere di giustizia, della tua città? Le regole della tua città non hanno mai cambiato il mondo, il mondo funziona sempre allo stesso modo, e la speranza di nuove regole del gioco sono arrivate a termine. Non hai capito che il mondo non cambia più, bisogna starci come meglio si può.

RENZO - Dillo tu come è meglio stare al mondo, qual è la regola migliore.

LUCIA - È la regola della casa propria. La forma del mondo non è più in gioco, le carte son finite; il mondo è come è, ora è solo la possibilità di avere un posto di serenità e di qualche briciola di piacere di vita.

RENZO - La nuova regola del mondo a casa o sottocasa dove si gira agli acquisti del mondo sarà una briciola di piacere di vita, ma è vivere in un mondo che non ci appartiene... è solo un mondo da guardare non è più un affare nostro. Il mondo non è un film e l'uomo non è il suo spettatore, io sono uno che ancora vorrei potergli parlare.

LUCIA - Non c'è più da fare niente per il mondo, il mondo è come sempre è stato, ma oggi lo possiamo usare meglio di prima perchè è un po' alla portata di tutti; ognuno ha solo da trovare la sua parte di mondo.

RENZO - Ma che bella libertà, ora c'è ne una nuova, dal diritto a diventare uguali siam passati al diritto ad avere un po' di mondo: ognuno in lotta per il suo telefonino *(mimica sul petto)* e così via, che siam tutti ammessi al supermercato del mondo per tutti gli acquisti di libertà.

LUCIA - Tutti siamo ammessi a godere del mondo, ognuno ha solo da trovare come si può fare.

RENZO - Udite! Udite! Son finiti i privilegi e tutte le privazioni, ora la lotta è tutta negli acquisti del mondo, tutti in lotta, tutti contro tutti a chi prende più sole di mare o di neve, tutti in corsa per la nuova libertà, tutti in lotta per il mondo che si può avere a casa o sottocasa.

LUCIA - Ognuno compera la sua maglietta! Se non è proprio quella dei ricconi fa uguale la sua figura. Tutti siamo accordati ai piaceri della vita.

RENZO - Bene! "una vogliuzza per il giorno e una vogliuzza per la notte".

LUCIA - Ci vuole solo la testa a posto. Ora i desideri non sono più proibiti si possono accordare senza più fatica di lotte e sangue; non so se è una grande rivoluzione della vita ma la lotta è finita. Siam giunti a una buona democrazia, ognuno partecipa di qualche suo desiderio.

RENZO - È la rivoluzione dei piaceri *(gridando)*, la nuova partecipazione ai piaceri della vita, tutti in fila alla mangiatoia del mondo, di chi mangia tanto e chi strappa appena qualche fil di paglia.

LUCIA - Dove si mangia e si veste è la migliore giustizia che c'è... la tua giustizia più giusta è solo un'illusione, una fissazione!!! Un disturbo mentale del passato, liberati da questa ragnatela mentale! Il nostro autore ci ha pupazzati delle nostre protezioni sovrane; pupazzo di democrazia tu e pupazza di Dio io, siamo stati addestrati a questa pupazzata; io mi sono liberata della mia ragnatela divina mentre tu sei rimasto in quella maschera di giustizia che ti tiene fuori dalla vita.

RENZO - Chiamala come vuoi...è il mio respiro di vita.

LUCIA - È un respiro che affoga la tua vita... non è un respiro è una trappola mentale, restare in queste maschere non è la nostra vita, siamo stati usati come pupazzi dell'eternità. Noi non siamo personaggi noi siamo la vita, la nostra vita.

RENZO - Io non ho vissuto una vita fuori di me stesso, ho vissuto la sua *(indica Manzoni)* vita ma anche la mia.

LUCIA - Ma noi abbiamo bisogno di entrare nella vita che cambia. Ci tocca essere artisti noi della nostra vita, c'è da accollarsi noi la responsabilità di noi stessi; l'opera della nostra vita non ha più incantamenti, ora è vita senza orpelli, più vera che mai, ora è un far da sé e per sé stessi.

RENZO - L'arte della vita è essere di nessuno. Si può fare, basta sciogliere ogni legame e sminuzzare i sentimenti in tanti desideri. Ogni nostro sentimento incrosta la vita…via…via, e spazio alle vogliuzze. Ecco il segreto della vita: andare per desideri, passare da una vogliuzza a un altra vogliuzza. Che bello!! È come avere tutto il mondo in vetrina!!..., evviva la vita di un mondo già fatto dove andare di vogliuzza in vogliuzza.

LUCIA - (*gridando*) Abili di star dietro alla vita ogni giorno, di cambiare strada al momento opportuno!!

RENZO - I miei desideri sono bisogni veri di me!

LUCIA - Già, i tuoi bisogni speciali.

RENZO - Si, le mie cose.

LUCIA - Le tue cose per l'eternità?!

RENZO - Il mio lavoro è quello che so fare, e se permetti anche il mio desiderio di giustizia.

LUCIA - Eccolo l'uomo vero, impastato di memoria e di speranza. L'uomo del suo lavoro eterno e della sua città universale.

RENZO - Senza quello che so fare, senza questa mia forma di vita non sarei nessuno

LUCIA - Sono fissazioni, trappole, sei nato personaggio e tale resterai, fatto per l'eternità ma non per la vita, (*gridando*), sei un morto che vive.

RENZO - Meglio essere un morto che vive, che un vivo che muore.

LUCIA - Non ti conosci per morto e credi di essere vivo. Io posso dire di aver ripreso la mia vita di donna. Lucia Montella non ha ucciso il mio palpito di donna, io non sono più personaggio, non sono più di nessuno sono di me stessa.

RENZO - Auguri per la tua nuova abilitazione alla vita.

LUCIA - Io ho spezzato le catene della mia prigione, ora posso avere una nuova vita. Tu, invece, sei rimasto prigioniero del tuo autore; io sto imparando a vivere, a vivere di vita propria, tu vivi ancora di quella maschera che Lui ti ha dato ma una maschera che non può vivere.

RENZO - La mia forza è il passato di quello che sono, è qui in questa memoria la forza della mia vita.

LUCIA - Una memoria di niente, solo un cumulo di fissazioni. Non esiste alcuna cassaforte di sicurezza per il nostro io; la memoria intrappola la mente, ci irrigidisce, non ci fa vedere le cose come sono; la tua forza è dimenticare.

RENZO - Ecco il nostro nuovo cantiere, il cantiere dell'uomo nuovo: qui si fa l'uomo senza memoria e senza speranza … se questo è un uomo.

LUCIA - Il tuo io passato non sa riconoscere il presente!!! Non sa essere quello che può essere qui e ora, non sa adattarsi a quello che accade. Il tuo io di prima non sa essere qua, non sa cercare un altro lavoro e trovare una nuova vita, perché il tuo io non si conosce per morto…. chi sei…?

RENZO - Dimmelo tu!

LUCIA - Il fu Renzo Tramaglino.

RENZO - Può darsi, ma mai stanco, mai annoiato di me stesso; ho cercato di essere uno … uno che ha sempre amato il suo lavoro e le sue cose, come l'anima di un mondo che gli appartiene.

LUCIA - La tua anima… hai sempre pensato alle tue cose e a te stesso.

RENZO - Questo è vero, ma non ho pensato solo a me stesso, ho curato le mie cose e forse non abbastanza, ma non è quello che vorresti fare anche tu? O forse preferisci essere di nessuno?

LUCIA - Io ci provo nell'unico modo in cui si può fare.

RENZO - Una nuova arte della vita?

LUCIA - Io ci provo togliendomi il copione delle mie verità eterne, liberandomi dalla mia forma eterna di donna di marito, di donna di casa e di donna di chiesa.

RENZO - Bene!! Hai scoperto il vero copione dell'uomo nuovo: donna di uno nessuno centomila.

LUCIA - Già! non voglio essere più di nessuno

Arriva rabbioso Alex, uno dei figli, per comunicare ai genitori che si è appena licenziato.

ALEX - Al lavoro non ci vado più!

RENZO - Che è successo?

ALEX - Mi sono licenziato.

RENZO - Ti sei licenziato?!, ma stai scherzando!

ALEX - No! Non sto scherzando.

LUCIA - E perché?

ALEX - Non è il mio lavoro.

RENZO - Cosa c'è che non va in questo lavoro?!

Alex non risponde

LUCIA - Che è successo, hai litigato, hai sbagliato qualcosa?

ALEX - Non ho sbagliato niente…anzi ho sbagliato ad andare a lavorare lì!!

LUCIA - Hai litigato con qualcuno!

ALEX - Non ho litigato con nessuno!

RENZO - Che è successo allora?

ALEX - *Si gira dall'altra parte*

LUCIA - Ma se non è successo niente perché ti sei licenziato??!!

Alex continua a rimanere in silenzio

RENZO - Oh! Ma vuoi rispondere!!, che cosa è successo?

ALEX - Io sono un ragioniere non un magazziniere.

LUCIA - Spiegati meglio.

ALEX - Sono diplomato ragioniere o che sono?

RENZO - Va bene ma che è successo.

ALEX - E lì devo fare il magazziniere.

LUCIA - Fai per il momento quello che puoi fare.

ALEX - Ma se faccio il magazziniere come imparo a fare il ragioniere?

RENZO - Si comincia così, cominci a conoscere le merci e le altre cose dell'azienda.

ALEX - Caricando e scaricando pedane e scatoloni?

RENZO - È un modo per cominciare.

ALEX - Così da grande o da vecchio farò forse il ragioniere.

LUCIA - Alex, per farti lavorare c'è voluto più del padreterno, le aziende vanno in fallimento e i ragionieri non trovano lavoro.

RENZO - I ragionieri, quelli che conoscono il mestiere, tanti sono mandati a casa. Vorrei capire cosa è successo.

ALEX - Preferisco stare a casa.

LUCIA - Vuoi rimanere a casa. Ti piaceva tanto fare il ragioniere.

ALEX - Andrò a vivere per conto mio e troverò un lavoro.

LUCIA - Il ragioniere non ti piace più.

ALEX - Me lo trovo un altro.

LUCIA - Ma che trovi!

Entra Giusy, la figlia, mentre Alex va via seguito da Renzo. Giusy sta per dire qualcosa ma è bloccata dalla domanda di Lucia, sorpresa di vederla a casa mentre dovrebbe essere all'università.

LUCIA - Ma non dovresti essere al corso?

GIUSY - Hanno rinviato gli esami.

LUCIA - Hanno rinviato gli esami, ma il corso?

Giusy ha da comunicare una decisione imbarazzante

GIUSY - Frequento il corso senza fare l'esame?

LUCIA - Non frequenti il corso perché l'esame è stato rinviato?

GIUSY - L'esame è stato rinviato, ma non si sa quando.

LUCIA - Ho capito…farai l'esame quando sarà, ma nel frattempo frequenti il corso e ti prepari meglio, ti piaceva tanto fare l'architetto

GIUSY - Ma i tempi sono lunghi, il professore pare sia stato trasferito e io… sto dietro a questo esame.

LUCIA - Ma gli esami mica si rinviano di anni, con più tempo a disposizione potrai studiare meglio. L'architettura ti piaceva tanto.

GIUSY - Ma non vedi che qui i tempi sono lunghi.

LUCIA - Scusa, fammi capire…perché non sto capendo…cosa vuoi fare?

GIUSY - Se i tempi sono lunghi che faccio? Mi metto ad aspettare…

LUCIA - Ti metti a studiare!

GIUSY - Ma il professore è stato trasferito; ci vorranno mesi per gli esami!

LUCIA - Ma mica chiuderanno l'università!

GIUSY - Ma no che c'entra.

LUCIA - (*gridando*) Allora prepara un altro esame.

GIUSY - Ehi!

LUCIA - E allora dimmi che vuoi fare!! L'architettura non ti piace, a tuo fratello non piace più fare il ragioniere, ma cos'è che vi piace?

Giusy non risponde e le dà le spalle con risentita avversione.

LUCIA - Ti ho fatto una domanda!

Giusy esce sbattendo la porta.

LUCIA - Cambiare marito … e pure Dio si può fare, ma con i figli ci sarebbe solo da cambiare mondo, o rinviare tutto a un'altra vita.

FINE I TEMPO

II TEMPO

Renzo raggiunge in via Manzoni Lucia che deve incontrare l'onorevole Garbugli.

RENZO - Vuole fare il ragioniere, ma non sa fare nemmeno il magazziniere.
LUCIA - Che è successo ?
RENZO - Tuo figlio!!! Nel magazzino ha fatto un tale disordine di merce, che uno scaffale stava per cadergli addosso, e nemmeno l'han rimproverato... per riguardo ai tuoi amici che l'han raccomandato. Gli han detto solo di stare un po' più attento, ma lui si è offeso, voleva essere confortato per lo spavento, voleva essere capito e magari pure compatito.
LUCIA - Sono i figli senza padre.
RENZO - Complimenti a te che l'hai partorito bene.
LUCIA - Ho cercato di fare anche la tua parte.
RENZO - Complimenti alla tua educazione moderna!! Evitargli ogni fatica e mai nessuna responsabilità. Ti ricordi che non studiava? ma la colpa era solo mia, del

padre che non lo aiutava a fare i compiti. Era da proteggerlo contro i professori che non lo capivano o che non sapevano spiegare e proteggerlo da ogni impegno soprattutto se doveva aiutare me ... non hanno imparato né a studiare né a lavorare. E ora si trova educato al facile posto di lavoro ... e ora ci vuole un onorevole.

LUCIA - Già ci vuole un onorevole per loro e anche per te.

RENZO - Ci vuole un amico più amico del padreterno.

LUCIA - Si, ci vuole un amico, per i figli e per i padri.

RENZO - Beata te che non hai bisogno di nessuno.

LUCIA - (*irritata dalla battuta equivoca gli tira addosso la maglietta che ha sul braccio*). L'amico serve per i debiti della tua fabbrica, perchè qui con questi debiti finiamo sotto i ponti (*gridando*).

RENZO - E il tuo frate cappuccino che fine ha fatto?

LUCIA - Frati o missionari non sono più miei.

RENZO - Il frate contro gli oppressori non serve più?

LUCIA - Non servono né frati né missionari, serve un amico fidato.

RENZO - Padre Cristoforo era il tuo amico dei deboli non ti serve più? Che fine ha fatto, lo abbiamo perso di vista?

LUCIA - Lo hai perso tu non io, era lui che doveva darti aiuto per la giustizia giusta, sei tu che l'hai perso non sono io, che non ho più frati … o missionari di giustizia, per me il mondo è come è sempre stato (*gridando*), e il mondo funziona con le regole di sempre. È sempre meglio l'amicizia degli amici che l'ipocrisia dei predicatori. Gli amici sono più sicuri dei missionari di terra e dei missionari del cielo.

RENZO - Anche lui forse ha fatto la sua giravolta ma non io.

LUCIA - La giravolta l'ha fatta meglio degli altri. Ha imparato presto che non c'è nessuna missione per gli oppressi, nessuna lotta di giustizia.

RENZO - Anche lui si è messo tra i buoni amici.

LUCIA - Si! Questa è l'arte eterna per emanciparsi, togliersi dai rancori e mettersi tra gli amici, ognuno con gli amici che può. Le cose sono assai più di certe fantasticherie, le cose sono come sono sempre state. La tua giustizia è solo nella tua testa, nei sogni di Renzo Tramaglino (*mimica dell'indice che gira vicino alla testa*).

RENZO - L'amarezza della vita con tante delusioni non ha sfiduciato la mia speranza... la giustizia è un diritto non è un sogno.

LUCIA - I diritti sono sogni che vivono tra le nuvole!! Come l'urlo del frate cappuccino: "Verrà un giorno", gridava a don Rodrigo... un urlo finito chissà dove.

RENZO - Anch'io son deluso dell'urlo del frate, l'urlo della giustizia che sta prima di ogni cosa.

LUCIA - Soldi e ~~lavoro~~ giuste conoscenze son più di tutte le leggi, sono più forti di cento o mille urla di giustizia. Un buon amico forse può far più del padreterno, sicuramente può fare più del frate degli oppressi e più della tua legge.

RENZO - Un amico più amico di Dio.

LUCIA - Un amico che sta sopra in terra... in terra non in cielo!!

RENZO - Un padreterno in terra: l'amico è il nuovo salvatore.

LUCIA - Io non ho più promesse salvifiche di niente, non so più chi mi salva e chi mi affossa (*piegandosi di sconforto a sedere sulla panchina*).

In via Manzoni passa per le sue solite passeggiate don Abbondio

DON ABBONDIO - Renzo, Lucia!!
RENZO - Don Abbondio!!..
DON ABBONDIO - I Promessi Sposi! Non ci vediamo da parecchio tempo.
RENZO - Non temete, potete star tranquillo, non abbiam più da celebrare matrimoni.
DON ABBONDIO - Ci risiamo... vi prego finiamola con questa parola.
RENZO - Era solo per scherzare... Don Abbondio ... tranquillo.
DON ABBONDIO - Ancora! Vi prego non dite questa parola.
RENZO - Ma quale parola?
DON ABBONDIO - Tranquillo!! È il mio nomignolo nascosto. Uomo adatto a star tranquillo, non adatto a dare aiuto a quelli che son deboli. Tranquillo è il fischio

dell'ignavia, parola di disturbo delle mie orecchie e della mia coscienza ... scusatemi ancora, ma voi ora che fate? Immagino che abbiate ancora del rancore.

LUCIA - Niente affatto ... il rancore non è mai stato in me, soprattutto ora che la vita mi libera da quella promessa di sposa e da tutta quella soggezione al nostro Autore. Penso che le vostre reticenze valgano assai più di tanta presunzione.

DON ABBONDIO - La mia paura è farina del suo impasto! La forma che Lui mi ha dato, non è tutta la verità di me; quel Don Abbondio di paura e quietovivere è quel che Lui voleva far di me. Le cose stan diversamente da come Lui le ha raccontate. Chiariamo subito che io sono don Abate.

RENZO - Come?

DON ABBONDIO - È Lui che mi ha storpiato il nome con quello di un mio antenato, per farmi più ridicolo e mi ha chiamato Abbondio, nomignolo di un poveruomo inetto, degno tutt'al più di un misero compatimento.

LUCIA - Ci ha pupazzati come piaceva a Lui.

DON ABBONDIO - Il nomignolo era già l'anticipazione ridicola del personaggio, di uomo piccolo piccolo, non alla pari di voi, eroi messi a combattere contro la crudeltà degli uomini. Io ero un poveruomo già nel nome; un curato di poca fede che poteva fare, poteva solo ripararsi nella quiete degli inetti.

RENZO - Beh, forse qualche debolezza ... un po' c'è stata.

DON ABBONDIO - Ma non la debolezza del vigliacco, ho avuto il dubbio ma non la vigliaccheria. L'errore era la testa dura di Lui che sapeva tutto sui buoni e sui cattivi.

LUCIA - Lui sapeva tutto del mondo giusto, sapeva già chi vince e chi perde.

DON ABBONDIO - Ma le cose sono più dei suoi romanticismi! ... Non sono arrabbiato ma ho un cuor dolente ... questa storia va chiarita: basta, basta con questo don Abbondio codardo e peccatore, condannato all'inferno dell'ignavia, colpa del pensiero senza fede; basta con questa condanna a vita di personaggio eterno della paura, fallito per viltà.

RENZO - Siamo personaggi in rivolta.

LUCIA - Tu no! Vuoi toglierti solo qualche sassolino dalle scarpe ma i tuoi piedi sono sempre piantati lì, sei sempre lo stesso di prima...Renzo l'eroe popolano.

DON ABBONDIO - Ho sperato tanto di rivedervi; (*pausa*) ora che siamo distaccati da quei fatti e voi non siete più in quella storia fissata per l'eternità forse possiamo capire un poco meglio quella storia.

LUCIA - Io non appartengo più a quella storia, non sono più quella Lucia, sono libera da quel rivestimento che Lui mi ha fatto.

DON ABBONDIO - Perdonate lo sfogo mio un po' rabbioso, ma è tempo di un chiarimento che va fatto e primariamente a voi. La mia rabbia stava per diventare ulcera, è un secolo che sto a curala.

LUCIA - Immagino la sofferenza di tanta umiliazione.

DON ABBONDIO - All'inizio ho rischiato l'inettitudine totale ... fino a diventare uno scarafaggio. Da tempo cerco di rimarginare quelle ferite. Io non sono fatto di paura, i dubbi sì, quelli mi appartengono, ma le mie titubanze sono accortezze non paura; un tempo avevo timidezza delle mie incertezze ora non più, son ben convinto di quelle titubanze. Sono quei dubbi la mia forza. Sembrerà strano ma i dubbi rimetteranno in sesto la mia vita di uomo di prudenza.

LUCIA - Avete un po' di risentimento?

DON ABBONDIO - Ho dovuto sopportare la colpa della viltà, il senso di colpa di un pensiero debole, debole di fede e di ideali ... (*a voce alta*) ma chi è questo che sa dire qual è il pensiero forte o che può dire chi è l'uomo forte.

LUCIA - O chi è la donna forte.

DON ABBONDIO - Lui sa chi sono io? Mi ha tolto ogni valore, ha negato il carattere mio vero di uomo di prudenza e di realismo per vestirmi dell'ignavia del codardo. Ha fatto come piaceva a Lui, mi ha fatto fare la figura eterna di ometto adatto a star tranquillo, mi ha fatto tutto di paura per far vedere meglio il coraggio del frate cappuccino, gridando a tutti fra Cristoforo è un uomo in gamba, quello si che è un uomo a posto.

RENZO - Non ve la prendete, anch'io non sono stato messo bene.

DON ABBONDIO - Ma che vuoi che sia il tuo ritratto di ventenne un po' furioso rispetto al mio, il ritratto del vigliacco!!! Ma perché tanta presunzione di sapere chi sono io.

LUCIA - Personaggi della sua testa.

DON ABBONDIO - Dal suo cilindro magico di romanticherie, da una parte i buoni dall'altra i cattivi e gli inetti come me. Ogni mio comparire è stato di paura, un cedimento a tutti, ai bravi, a Perpetua, a Renzo e persino alla mula. Chi è questo dispensatore dell'identità di ognuno, la santina lei, l'impulsivo tu, il codardo io, eccetera, eccetera ... ma il tempo è galantuomo.

LUCIA - Perciò non v'arrabbiate.

DON ABBONDIO - Ho avuto un passato di ossessione: la colpa eterna del vigliacco ... che sofferenza di inferiorità nei confronti del frate cappuccino, lui disposto alla lotta e al coraggio io invece disposto sempre all'ubbidienza ... capite!! Disposto alla viltà, un inetto.

RENZO - Vi ha impastato tutto di titubanze.

DON ABBONDIO - Sì titubanze ma non viltà!! Questa sicurezza di sapere l'essere di ognuno è un'arroganza; il mio apparire era l'evidenza di un fallimento totale, di prete e di uomo, ma l'apparenza inganna, e inganna anche quando la comparsa mia è stata architettata da un ingegno come il suo.

RENZO - A me, invece, ha messo un'aria di impulsivo facile alla collera ... ma tutto sommato con i buoni, personaggio facile ad arrabbiarsi ma contro i soprusi dei potenti; è stata una comparsa meglio della vostra.

DON ABBONDIO - A te ha dato sentimenti un po' focosi per far vedere che la virtù dei sentimenti non è proprio l'irruenza di un popolano.

RENZO - Che sa Lui di me, della mia rabbia.

DON ABBONDIO - Ognuno qui (*la testa*) è pieno di sotterranei, è in questo sottofondo che si conserva la verità di ognuno, che non è quella che può sembrare. Io non sono il codardo che piaceva a Lui di raccontare agli altri.

LUCIA - Ditelo al filatore di seta, che ognuno è più di uno. Ditelo a questo che è ancor fissato nel personaggio eterno del fabbricante della seta, ditelo a questo della giustizia giusta; che lui non è più in quel romanzo.

DON ABBONDIO - Don Abbondio era un altro uomo, quel don Abbondio di paura e di ubbidienza a tutti era quello che piaceva a Lui di far vedere agli altri, io sono don Abate, uomo di prudenza non di paura!! La sua faciloneria era credere che i nemici fossero chiari e distinti, e che fossero lì di fronte. La mia paura era il suo cilindro magico da cui faceva uscire i lumi di ogni verità;

ecco la sua magia: ogni fede è Dio che scende in terra, e tac!! I buoni vincono i cattivi, tac!! la giustizia è fatta.

LUCIA - I Promessi Sposi e tac!! la vita è fatta.

RENZO - Ma se la fede è da scartare...cos'è che ci rimane?

DON ABBONDIO - (*a voce alta*) Qui (*nella testa*) non ci sono lumi c'è solo una lanterna, una piccola lanterna... serve per guardare i nostri passi, a evitare gli inciampi e i passi sbagliati.

RENZO - Dobbiamo rinunciare alle speranze allora!?

DON ABBONDIO - Le speranze servono... si che ne abbiamo bisogno, ma han bisogno di cura, tanta cura, non sono vie facili. I nostri desideri non sono sempre quello di cui abbiamo bisogno. C'è sempre il rischio di questa confusione tra desideri e bisogni, spesso sono cose molto diverse.

RENZO - Dobbiamo rinunciarci?

DON ABBONDIO - Abbiamo bisogno dei sentimenti, ma ogni speranza ha sempre il rischio dell'incantamento … va guardata a vista.

RENZO - Dobbiamo cambiare sentimenti ogni giorno?

DON ABBONDIO - I sentimenti servono ma vanno guardati a vista, fan ponti grandiosi per raggiungere i sogni, ma sono anche quelli che li distruggono, creano grandi speranze ma anche grandi fregature, sono virtù ma anche vizi ... vanno guardati a vista!!

RENZO - Ma le cose in cui crediamo sono importanti.

DON ABBONDIO - (*con tono di voce più alto*) Le cose in cui crediamo sono importanti ma sono pure fissazioni del pensiero: speranze e crocifissioni. Sono gli eroi del bene ma anche quelli del male, fanno gli amici ma anche i nemici, servono per amare ma si usano anche per odiare; danno forza ai pensieri ma lo lasciamo pure mancante di forza, sono quelli che non lo fanno più pensare ... servono, certo, ma vanno guardati a vista!!!

RENZO - Temete anche voi la spavalderia dei sentimenti.

DON ABBONDIO - Temo il vizio della testardaggine, il vizio della testa dura; ogni fede è promessa di salvezza ... ma le salvezze vanno guardate a vista.

LUCIA - I promessi sposi ... vanno guardati a vista (*rivolta a Renzo*).

DON ABBONDIO - I sentimenti sono sempre una bella promessa, ma le cose hanno la scorza dura.

RENZO - Ma che fa un pensiero senza passione, che forza può avere? La vogliuzza del momento non serve a una vita.

DON ABBONDIO - Il pensiero ha bisogno dei sentimenti... ma anche i sentimenti hanno bisogno del pensiero, dipende!

RENZO - Dipende da che?

DON ABBONDIO - Se sanno stare insieme! I sentimenti son desideri, ma spesso non sono veri, non sono quello di cui abbiamo bisogno. Sono il fascino del canto delle sirene e queste agiscono con i tentacoli del polpo.

RENZO - Il polpo!?

DON ABBONDIO - Il polpo è quello che avvinghia e i sentimenti sono avvinghiatori. Non sono sempre gli eroi del pensiero ma sono anche il vizio del pensiero che non pensa; stringono il cuore di ogni respiro (*mimica*), il pensiero si imbriglia e si fermano i sensi, non sa più ascoltare e non sa più guadare ... è lo schianto del pensiero sotto la durezza delle cose.

Una voce fuori campo interrompe la scena, sono i ragazzi che trovano un don Abbondio completamente diverso, emancipato dalla paura e trasformato in un personaggio nuovo di saggezza.

Michelangelo - Ma questo non è più don Abbondio!!
Alessia - Ne abbiamo fatto un altro uomo.
Professore - È sempre lui.
Giorgio - Possibile! Ma qui è diventato un altro personaggio.
Fabrizio - Ma è don Abbondio o è don Abate?
Professore - È cambiato, ma è sempre lui.
Giuseppe - È don Abate ma è tutto diverso da don Abbondio?
Lara - È sempre lui!!
Saverio - Ma quello di prima era tutto di paura.
Lara - Di paura ma anche di prudenza.
Beniamino - Brava!! Paura e prudenza, non sono proprio uguali, ma il confine è sottile.
Beniamino - Sarà pure sottile, ma qui appare un altro.
Giorgio - La prudenza non si vedeva, era nascosta.
Rachele - Nascosta da chi?
Professore - Dall'autore.
Rachele - Perché?
Professore - Perché l'autore voleva far vedere la paura non la prudenza.
Giovanni - Ma perché?
Professore - Per far vedere meglio la sua debolezza di uomo senza fede, dubbi e titubanze sono serviti per fare un personaggio di paura.
Alessia - I dubbi appartengono al pensiero debole?
Professore - Debole perchè senza pesi di verità, debole perché sa che il tempo è sempre galantuomo di verità.

Alessia - Perché il tempo è galantuomo?
Professore - É il tempo che ristabilisce la verità. Le cose nel tempo si sono rivelate diversamente da come pensava l'autore: i dubbi sono diventati pensieri importanti.
Debora - Sembra la rivincita dei dubbi.
Professore - È la dignità delle titubanze di don Abbondio. È la nuova dignità di don Abbondio, la dignità dei suoi dubbi e del suo pensiero debole, che ora è la sua ragionevole fiducia di trovare un aiuto più sicuro per Renzo e Lucia.
Michelangelo - E chi può salvarli ora che non hanno né la promessa del loro matrimonio, né la promessa dell'aiuto di Dio?
Rachele - Se in cielo non li aiuta nessuno, in terra chi può aiutarli?
Professore - Vediamo.

RENZO - (*continuando il dialogo con Don Abbondio*) Ma senza sentimento è così… oggi una convinzione domani una convinzione diversa, oggi una promessa, domani un'altra, poi un'altra ancora.

LUCIA - (*rivolta a don Abbondio*) È fiato sprecato.

DON ABBONDIO - Io sono stato la loro vittima sacrificale. Non parlo con rabbia e tanto meno con vendetta, che i risentimenti sono ancor più pericolosi.

RENZO - Un po' di rabbia c'è.

DON ABBONDIO - Forse un po' si, ma io sono quello che ha imparato a tenere a giusta distanza i sentimenti, e sto bene attento ai risentimenti. La rabbia è come la pancia ... va capita perché ha il pregio di avvertire la fame, ma ha il difetto di mancare di testa. Spesso diventano sentimenti cattivi perché non hanno imparato ad essere sentimenti migliori. Perciò non ho rancore per la mia vita di personaggio della paura. So pure che Lui non ce l'aveva proprio con me; è stato un artificio dell'autore per ottenere un migliore effetto per il suo fine, artifici della magia romantica della virtù dei sentimenti.
RENZO - Artificio di fede?
LUCIA - Vizio di andare nelle nuvole.
DON ABBONDIO - É il vizio delle promesse, a cominciare dai promessi sposi. Promesse sempre di mari e di monti, ma le promesse non riesci a guardarle a vista. Ho pagato più di tutti per le vostre romanticherie, ma ho imparato a riconoscere il vizio delle promesse o vizio dei sentimenti, perciò ora ho il vantaggio di tenerli a distanza, e non ho più paura dei miei dubbi.
LUCIA - I dubbi erano il vostro vizio, il vizio di don Abbondio.

DON ABBONDIO - Il dubbio non è vizio di viltà; i miei dubbi, caro Renzo, san tenere a bada ogni verità, hanno la virtù di vedere meglio il falso, di vedere meglio le nostre convinzioni.

RENZO - Ma la mancanza di convinzioni è un gran vizio del pensiero.

DON ABBONDIO - Ma le convinzioni sono un altro vizio del pensiero. Il dubbio è libertà che non perde la speranza, e il dubbio di una testa che sa guardarle a vista.

RENZO - È una libertà un po' strana la vostra.

DON ABBONDIO - La libertà è guardare a vista le nostre inferriate, caro Renzo. In quel vaso di terracotta in mezzo ai vasi di ferro mi sono allenato a vedere le inferriate della libertà, le inferriate del pensiero. Le convinzioni sono importanti ma sono anche le croci del pensiero, vanno guardate a vista. Non sono qui per vantare la mia rivincita, e nemmeno ho voglia di ridere nel vedere i buchi del suo (*Manzoni*) cilindro di romanticherie.

LUCIA - Vi siete preso una bella rivincita.

DON ABBONDIO - C'è poco da essere allegri in un tempo di scarse promesse. Sono arrabbiato, ma non ho rancore. Il vaso di terracotta io ... il vaso vero di coccio è quel cilindro di romanticherie. La mia vita di oggi non può essere la gioia di una rivincita, se Lui ha perso io non mi sento contento di vincere questa rivincita. Gridare a Lui che avevo ragione non serve a me e a nessuno, semmai a dar dignità ai dubbi, che servono a pensare meglio.

LUCIA - La vita vi ha già risarcito ampiamente.

DON ABBONDIO - Le cicatrici di quell'arroganza restano, ma io voglio solo riprendermi la mia vita che non poteva finire nella maschera di don Abbondio, io sono don Abate. Non fu la paura dei bravi ma il dubbio di tante promesse; ho avuto il dubbio che il nemico non era quel vanitoso di don Rodrigo e che quella celebrazione dei promessi sposi non erano vie sicure. Questo è quello che ci tenevo a dirvi. Ma ditemi di voi, come va la vostra vita?

LUCIA - É una vita assai scarsa di promesse.

RENZO - (*Si congeda per un impegno urgente*) Perdonatemi don Abbondio ho da fare una cosa urgente, spero di ritrovarvi al mio ritorno.

DON ABBONDIO - Sicuramente.

Renzo esce di scena

DON ABBONDIO - Sento che gli sposi non sono più promessi ... ?

LUCIA - Noi promessi sposi ... lasciamo perdere. Ma voi piuttosto ... vi sento di una nuova vita.

DON ABBONDIO - Ho da riprendermi la verità di me, quella più vera.

LUCIA - Anch'io sento il desiderio di una nuova vita ... sento il bisogno di una mia vita, un bisogno di me stessa, un bisogno di essere un'altra donna, avere una vita mia più vera.

DON ABBONDIO - Un'altra Lucia, non più la Lucia di Renzo.

LUCIA - Lucia di nessuno. Non voglio essere un personaggio dell'eternità, voglio vivere la mia vita.

DON ABBONDIO - Capisco!... chi più di me può capire. Ma vivere è capire chi siamo e il meglio che possiamo essere, ma non con uno che usa gli artifici dell'arte per ottenere gli effetti che gli servono ma con le cose del mondo; essere è vivere con il mondo, non è possibile essere di nessuno, è come essere nel vuoto di niente.

LUCIA - Ora siete voi a volere per me una vita di marito.

DON ABBONDIO - Non una vita di marito ma una vita di bene per qualcuno.

LUCIA - Dite pure d'amore.

DON ABBONDIO - Magari!

LUCIA - Ma quale mondo! E quale uomo!!!

DON ABBONDIO - Uno che ci aiuta a essere meglio e più felice.

LUCIA - Ma quale uomo? Questo è un mondo pieno, ma non c'è più nessuno. Chi volete che ci aiuta a divenire quello che possiamo essere … ; io ci ho provato con Renzo ma lui è fuori dal mondo, è ancora nella forma del suo autore, è chiuso nel passato di quella fissazione di giustizia e di lavoro; Renzo è un uomo senza mondo.

DON ABBONDIO - Tu sei cambiata molto.

LUCIA - In quella Lucia di Dio e di marito non mi sento io, non mi sento me stessa (*girandosi verso via Manzoni*); è come la vita di una donna che non sono io; Dio non lo sento con me … non sento la sua mano che mi stringe e che mi tiene per mano … figuriamoci la mano del marito.

Dio e marito non sorreggono più la mia vita di ogni giorno.

DON ABBONDIO - Siam cambiati un po' tutti.

LUCIA - Il mondo non è quello di prima ... i miei nemici non sono più il signorotto del palazzo o il prepotente del castello, i nemici non sono più dichiarati.

DON ABBONDIO - Hai ragione non sono più nei loro bunker, non sono più asserragliati nei palazzi.

LUCIA - Non ci sono più trincee contro di loro, sono da ogni lato e non sai mai qual è il loro volto.

DON ABBONDIO - Ogni tempo ha i suoi nemici.

LUCIA - Non c'è muro che ti protegge, i nemici sono ovunque; persino i muri del cielo han fatto le crepe. Con il marito, poi, il nemico è già dentro casa.

DON ABBONDIO - Dai muri alzati contro i nemici li vedi solo di fronte; di fronte non vedi cosa sono e di cosa son fatti, non vedi se sono dietro e nemmeno se sono proprio sotto ai tuoi piedi. Sarà questo che i muri non sono bastati a combattere i nostri veri nemici ... non si vedono dietro e non si vede di cosa son fatti. I muri sono stati i miei dubbi. Dubbi non viltà (*a voce alta*).

LUCIA - Se penso a quel muro di casa ... riparo di donna e di sposa sorvegliata dal cielo, cosa devo dire, cosa posso dire oggi (*gridando*): non sono io quella donna assicurata di marito e dalla mano di Dio. Io che sono assediata da tanti nemici, nemici di debiti che mi tolgono la casa, nemici di madre con figli mancanti di scuola e di lavoro, nemici di moglie e di donna finita sotto le macerie dei muri innalzati nel cielo.

Arriva in quel momento l'onorevole Garbugli.

On. GARBUGLI - Lucia!
LUCIA - Onorevole. Avevo urgenza di parlarvi.
DON ABBONDIO - Prego onorevole stavo già per congedarmi. Ci rivediamo presto Lucia, ossequi onorevole (*con la mano sulla spalla di Lucia*)
On. GARBUGLI - State tranquilla. Vedremo di risolvere il problema, il datore di lavoro non lo licenzierà, ma voi parlate col ragazzo... pare non sia molto interessato al lavoro.
LUCIA - Voleva fare il ragioniere

On. GARBUGLI - Sono ragazzi, pensano che tutto sia facile, non preoccupatevi vedremo di trovare una soluzione, certo non è che può fare subito il ragioniere.

LUCIA - Qui ci vogliono non una ma cento soluzioni.

On. GARBUGLI - Ho parlato col datore di lavoro ... mi ha assicurato la sua disponibilità.

LUCIA - Voleva fare il ragioniere...

On. GARBUGLI - Ma a scuola non ha imparato a fare il ragioniere, questa è una vecchia storia.

LUCIA - Gli han dato il diploma ma ... (*mimica del niente*)

On. GARBUGLI - Praticamente non lo sa fare, chissà se non gliel'hanno insegnato o non ha studiato? Anche questa è una vecchia storia.

LUCIA - Ma che dobbiamo fare con questi figli che stanno a casa, ma non li comanda più nessuno?!

On.Garbugli - Figli per sempre ma figli altrove, figli di chissà chi.

LUCIA) - Sono figli del vento.

On. GARBUGLI - E il vento è invisibile ma è sempre presente, son figli del tempo.

LUCIA - È l'aria che spira che li tiene per mano. Ma di chi è questa mano possente che li ha espropriati di madre e di padre?

On. GARBUGLI - Ci vuole tempo, ma vedrete imparerà a fare il ragioniere.

LUCIA - Qui non impara nessuno, né padri e né figli. Ho bisogno di una mano vostra onorevole, Renzo è senza lavoro, pieno di debiti e con la testa nelle nuvole, con la sua giustizia giusta.

On. GARBUGLI - Renzo è un po' indignato, è un po' furioso ma è un onest'uomo.

LUCIA - (*a voce alta*) Renzo è rimasto nelle nuvole del suo autore.

On. GARBUGLI - Renzo è deluso e non ha torto, con noi che siamo nuovi di politica sperava in meglio, sperava che un movimento un po' più giovane potesse far meglio dei politici di prima. Sperava nelle regole più giuste, ma non è facile, il sistema gira come gira.

LUCIA - Ma prima girava bene.

On. GARBUGLI - Girava male anche quando girava bene. Girava male anche quando giravano più soldi. Allora non si vedeva la magagna sotto la cuccagna. Ma si va fuori giri se si spende più di quanto si lavora o se si lavora poco e si lavora male ... e il peggio è quando nessuno se ne accorge.

LUCIA - Chi è che non se ne accorge?!

On. GARBUGLI - Tutti quelli che stan dietro alla cuccagna che non son pochi, a cominciare da chi sta più avanti e comanda la cuccagna. Chi comanda deve far girare i soldi e farli girare bene, che se girano solo da una parte girano male. E c'è un solo modo per evitare che i soldi di giro in giro van fuori giro.

LUCIA - Van fuori giro e nessuno può comprare più niente.

On. GARBUGLI - Finiscono anche per chi fabbrica e ha da vendere le cose, se finiscono i soldi di chi compra non vende più nessuno. C'è un solo modo: i soldi del lavoro, solo quando i soldi girano insieme col lavoro girano bene, non vanno fuori giro.

LUCIA - Ma voi i soldi non li avete fatti girare così.

On. GARBUGLI - Noi siamo arrivati tardi in tutto questo andazzo, e abbiam fiducia di metterci riparo, ma i debiti di tutta la cuccagna son debiti difficili; diciamo tutta la verità, quando la giostra girava tutti han voluto fare un altro giro; nessuno scende a controllare che non si vada fuori giro.

LUCIA - Ma è da sempre che ognuno ha da rompersi la sua testa, non ci credo nelle giostre che fanno girare bene i soldi.

On. GARBUGLI - Prima era più facile far funzionare la giostra. Gli antichi erano tutti d'accordo che una parte stava sopra e l'altra stava sotto a spingere la giostra, era meno complicato, ognuno stava al proprio posto, quelli di sopra a comandare e quelli di sotto a lavorare. Quando si è deciso che si poteva star tutti sopra ... a girare sulla giostra sembrava facile, ma le cose non sono andate come si sperava.

LUCIA - La giostra è un illusione caro onorevole... anzi don Garbugli, che don Garbugli è meglio di mille onorevoli.

On. GARBUGLI - Don è un vecchio titolo di riguardo alla nobiltà di prima.

LUCIA - Ma l'onorevole non è meglio del nobile di prima, la nobiltà di prima se c'era d'aiutare un poveraccio non chiedeva le mazzette in cambio; scudieri e cavalieri erano gli uomini migliori della tavola rotonda non erano i furbi e i leccaculo al servizio della cricca. L'onorevole era un abbellimento di parola, niente a che vedere con il mestiere di giustizia. É solo una parola dei moderni. É uno scadimento della sua antica discendenza; quella nobiltà la dignità l'aveva. Questi han cambiato le parole ma le cose son sempre uguali ... o peggio!!

On. GARBUGLI - Noi del popolo vorremmo fare le cose meglio.

LUCIA - Io mi fido solo della nostra amicizia. Gli uomini sono stati sempre uomini di altri uomini e lo saranno sempre, casta ieri e casta oggi, ma in tutta sincerità ... io penso che il servizio dei potenti di dare aiuto agli altri è l'unica legge che può funzionare, se serve ai bisognosi onesti e ai meritevoli che son bravi ... ben venga questa protezione dei più forti.

On. GARBUGLI - Gli onorevoli erano venuti per essere onorevoli del popolo, onorevoli di società, ma questo non è avvenuto. Noi del popolo vogliamo direttamente noi porre rimedio ... ma questo non esclude di aiutare i singoli individui.

LUCIA - L'onorevole di società è una fantasia, io credo nella vostra amicizia.

On. GARBUGLI - Far funzionare la società può essere anche aiutare i singoli individui. L'amicizia non è fatta per far funzionare la società, ma c'è sempre da essere ben attenti agli individui. Io non mi tiro indietro se qualcuno che ha bisogno mi chiede di aiutarlo, per quel che posso fare, ma se il mio mestiere principale è di governare per il popolo ognuno che mi chiede di aiutarlo è servito a condizione che aiutare lui sia come aiutare il popolo. Ma bisogna tenere bene a mente gli individui.

LUCIA - Facciamo un'agenzia di protezione degli individui buoni che può funzionare meglio di tante leggi che non fan giustizia di nessuna società.

On. GARBUGLI - Noi del popolo teniamo bene a mente gli individui difettosi, quelli pigri e furbi, che sono difettosi per la società, e poi si devono tenere a mente gli individui meritevoli e bisognosi. Bisogna aiutare i meritevoli senza che siano furbi e aiutare i deboli senza che siano pigri, questo è l'onorevole di società e questa è la forza che fa un popolo.

LUCIA - Non so se aiutare noi è come aiutare un popolo ma qui abbiam bisogno veramente di un aiuto.

On. GARBUGLI - Il nostro governo del popolo non è una fantasia, c'è solo da cambiare molto, a cominciare dal potere, è lì che sono i difettosi e i furbi principali della società, quelli che impiantano la furbizia del potere e della società; solo un governo popolare può aiutare una società che sappia lavorare, questa è la regola sociale e la regola di onorevole del popolo.

LUCIA - Vorrei aver fede della legge del popolo ... ma qui noi abbiam bisogno di voi.

On. GARBUGLI - Vi ho già detto che tutto si risolverà.

LUCIA - Il problema è il debito!! La fabbrica di Renzo è al fallimento, in banca non c'è credito per noi e i soldi non li avremo mai.

On. GARBUGLI - I soldi sono un aiuto difficile, ma possiamo provarci.

LUCIA - Chi è che può aiutarci?! Non tanto per la fabbrica che a me sembra una fantasia di Renzo, ci vorrebbe un aiuto per i debiti e un aiuto per un'altra attività.

On. GARBUGLI - Vedremo di chiederli a quelli che c'è l'hanno, ma quelli non si fidano.

LUCIA - Un tempo era più facile trovare i soldi.

On. GARBUGLI - Soldi col debito sì, era proprio l'occupazione dei miei predecessori, votati a difendere il popolo con i debiti. Io non ho rapporti buoni con quelli che hanno i soldi, vedremo che si può fare. Prima era più facile con quei soldi, ma ora quelli che ce l'hanno sono diffidenti, ora si sono organizzati tra di loro per farne ancor di più.

LUCIA - Un tempo era più facile far gli uomini di legge.

On. GARBUGLI - Quella comparsa mia di viscido difensore della legge non è proprio come l'ha raccontata Lui. Il nostro autore ha usato solo i suoi sentimenti di romantico patriota ... ha capito solo quello che gli piaceva capire. La sua passione risorgimentale era accecata di risentimenti contro lo straniero. La patria per Lui è stata un'ossessione di risentimenti contro l'invasore, come un partito preso contro lo straniero. La storia dei capponi del tuo Renzo era il suo risentimento contro il nemico invasore ... la storia non è quella che ha raccontato Lui.

Renzo rientra

RENZO - Vuole andarsene a Milano…! (*sedendosi alla panchina*).

LUCIA - Ma gli hai detto che potrebbe lavorare un po' in ufficio e un po' in magazzino?!

RENZO - È Giusy che vuole andarsene a Milano!!

LUCIA - Per fare cosa (*gridando*)?

RENZO - Gliel'ho chiesto ma non mi ha risposto.

LUCIA - Vuole cambiare l'università?

RENZO - Per fare cosa!!! ... Ma cosa deve fare? A strimpellare la chitarra in qualche piazza … ma qual è il lavoro che può fare!! Vedi tu … che tua figlia ha già pronto la valigia.

LUCIA - Scusatemi onorevole, qui non basta la sua mano, ci voglio dieci, cento mani per tutti i nostri guai.

RENZO - Uno vuole andare a Milano, l'altro vuole andare in ufficio … ma per fare cosa?! (*gridando*)

On. GARBUGLI - L'esperienza di Milano può aiutarlo a maturare, non è il caso di drammatizzare.

RENZO - A Milano non si mangia di libertà di andare dove vogliamo, lì si mangia di lavoro da saper fare.

On. GARBUGLI - Che posso fare per voi?!

RENZO - Sbloccare i mie crediti, i miei soldi, quelli che pure mi spettano.

On. GARBUGLI - Ma non dipende solo da me, banche e Stato sono indebitati, e ora c'è l'impedimento della legge di stabilità.

RENZO - Quando non pagate voi c'è la legge di stabilità quando non paghiamo noi è già pronta la fucileria degli esattori; è la legge degli azzeccagarbugli.

On. GARBUGLI - Lascia perdere azzeccagarbugli ... quello fatto per l'eternità.

RENZO - Non volevo offendervi, mi riferivo alla categoria.

On. GARBUGLI - Non sono certamente io a difendere gli Azzeccagarbugli, che Lui (Manzoni) ha messo in testa a tutti e a te per primo; questa non è tutta la verità, lui ha fatto il personaggio che voleva fare, l'imbrogliacarte al servizio degli invasori, questo è quello che vedeva il suo risentimento contro lo straniero, ma la verità è un'altra.

RENZO - Non potete negare l'evidenza.

On. GARBUGLI - La verità si può capire dopo, quando i personaggi fatti per l'eternità escono dal personaggio e vanno a frequentar la vita che continua.

RENZO - Ma i capponi furono restituiti perchè non potevano far giustizia contro il signorotto don Rodrigo, non potete negarlo.

On. GARBUGLI - È vero.

RENZO - Non si poteva far giustizia contro l'oppressore.

On. GARBUGLI - Non era questa la giustizia vera.

RENZO - La giustizia era quindi lasciar perdere don Rodrigo.

On. GARBUGLI - Proprio così.

RENZO - Dunque bisognava lasciarlo in pace il signorotto!

On. Garbugli - Non era lui il nemico!

RENZO - Eh sì, era da lasciar perdere, conveniva non prendersela con questo prepotente.

On. GARBUGLI - Ma quale potente, solo spavalderie e qualche arroganza sprovveduta che quando sentiva la voce alta del frate cappuccino preferiva scappar via. Non era lui il nemico, non era don Rodrigo quello da combattere, non era lo straniero il colpevole di tutte le oppressioni.

RENZO - Le sue prepotenze hanno scatenato le nostre sventure!

On. GARBUGLI - Ma che prepotenze solo puntigli, guapperie di chi ostenta il suo potere; don Rodrigo era uno che voleva far vedere il suo potere, e chi vuol far vedere il suo potere è uno che non c'è l'ha. È Lui (*Manzoni*) che ha orchestrato tutto questo risentimento contro lo straniero oppressore degli italiani.

RENZO - Vuoi dire che la colpa non è di don Rodrigo

On. GARBUGLI - Don Rodrigo è il nemico occasionale della storia, il nemico apparente, ma non il nemico vero.

RENZO - Non capisco.

On. GARBUGLI - L'invasore era il nemico più appariscente, che nascondeva il nemico vero, il nemico vero degli italiani.

RENZO - Chi?

On. GARBUGLI - Il nemico è dentro!! Dentro siamo ancora lombardi, toscani, napoletani, siciliani, il nemico è la memoria di un popolo mancante di se stesso, diviso dalla storia, dalla lingua ... e da interessi. Con la sua penna cercava la sua vendetta di umiliazioni e frustrazioni di un popolo sempre in cerca di se stesso. Una patria senza popolo questa era la verità nascosta dietro la sua coscienza, che Lui non voleva vedere.

RENZO - Voi pensate che lo straniero era il capro espiatorio ?!

On. GARBUGLI - Già, lo straniero era l'evidenza di una colpa su cui trasferire la colpa nascosta di un popolo senza popolo, di un popolo mancante di storia di unità. L'Italia mancante di se stessa per colpa dello straniero, la colpa degli altri era il suo teorema storico delle nostre disgrazie, convincente quanto si vuole, ma troppo semplicistico.

RENZO - L'ombra ossessiva dell'invasore.

On. GARBUGLI - Per nascondere il nemico vero. Don Rodrigo non era il nemico del nostro autore... del suo tempo, ma che cambia, l'importante è che il nemico sia quello di fuori, sia lo straniero. Al popolo italiano ci penserà Dio che si farà popolo. Ma una nazione, un popolo non è opera di provvidenza.

RENZO - Uno Stato senza nazione ... o una nazione senza stato. Sembra il dilemma dell'uovo e della gallina, a chi il primato della mancanza. I francesi non sono più bretoni e savoiardi, i tedeschi non sono più bavaresi e prussiani e noi? Dov'è la nostra reincarnazione di italiani!!?

On. GARBUGLI - Forse nei mondiali del pallone o nella nostalgia degli italiani all'estero, ma non nella memoria di un popolo di unità.

RENZO - È il nostro destino o è la nostra storia? È il destino di uno Stato senza popolo o la storia di un popolo senza Stato.

On. GARBUGLI - Un popolo nasce quando lo Stato sa riempire i vuoti dell'unione di un popolo, e non basta un sol Risorgimento; qui i popoli sono tanti e tanto diversi, e i vuoti sono ancora da riempire.

RENZO - E don Rodrigo?

On. GARBUGLI - Ora si chiama Rodeur.

Una voce fuori campo interrompe la scena, anche qui i ragazzi avvertono il bisogno irrefrenabile di chiarire il rapporto tra i due personaggi del potere, tra Azzeccagarbugli uomo al servizio del potere e il nuovo on.Garbugli intenzionato a essere di servizio del potere del popolo.

Giorgio - Ma l'onorevole Garbugli appare un nuovo personaggio rispetto ad Azzeccagarbugli.
Professore - Appartengono alla stessa dinastia.

Alessia - Quale dinastia?
Professore - Sono gli uomini del potere.
Beniamino - Ma sono diversi: Azzeccagarbugli era al servizio del potere di don Rodrigo mentre l'onorevole Garbugli dice di essere onorevole di società, al servizio del popolo.
Professore - In teoria sono discendenze diverse.
Lara - E don Rodrigo?
Fabrizio - È cambiato anche lui?
Debora - Ha cambiato nome.
Saverio - Pare si chiami Rodeur.
Professore - Parla ancora un po' spagnolo, ma ha imparato molte lingue, è cambiato molto, non è più quel prepotente di una volta.
Rachele - Ma dove sta?
Professore - Vive a Bruxelles.
Giuseppe - E che fa lì?
Professore - Cerca di essere onorevole al servizio della società anche lui, la sua è una società più grande.
Lara - E lì si possono trovare i soldi per aiutare Renzo e Lucia, per risolvere i loro debiti.
Beniamino - Chi l'avrebbe mai immaginato!! Ma è cambiato così tanto?
Debora - Don Rodrigo è quello che può aiutare Renzo e Lucia?
Professore - Rodeur non don Rodrigo.
Rachele - Mi sembra che qualcuno la pensa diversamente, c'è chi crede in un altro aiuto
Giorgio - E già, c'è chi pensa all'aiuto di un altro potere.
Professore - Pare ci sia un altro potere meglio di Rodeur.
Alessia - Qui ci sono altre sorprese.
Professore - Penso proprio di sì. Vediamo.

On. GARBUGLI - Don Rodrigo, lo straniero invasore, era il nemico che li rappresentava tutti. Ma a onor del vero Lui (*Manzoni*) aveva intravisto il più potente di tutti ma non ne sapeva il nome.

RENZO - Quello del Castellaccio.

On. GARBUGLI - Si ma nemmeno Lui ne sapeva il nome, si disse di questa sua dimora ma poi dopo la resa di quella sconfitta, non si è saputo più della sua dimora, sappiamo solo che uscì dal Castellaccio e si inabissò nella coscienza dei suoi peccati.

RENZO - Ma don Rodrigo che vita ha avuto?

On. GARBUGLI - Col tempo e con la vita ha migliorato molto, ha perso l'arroganza di una volta e non ha più la spavalderia del prepotente.

RENZO - Non ditemi che si è fatto amico.

On. GARBUGLI - Non è mai stato dell'unione … si dice che cerca di fare una vita di amicizie, ma non è facile per lui superare quel suo carattere individualista.

RENZO - Don Rodrigo che diventa uno di amicizia, e chi l'avrebbe detto.

On. GARBUGLI - È lui che può aiutarti … Renzo.

RENZO - Don Rodrigo può aiutare me?

On. GARBUGLI - Lui solo può aiutarti.

RENZO - Don Rodrigo?

On. GARBUGLI - Rodeur non Rodrigo, Rodrigo non è il nome vero, Don Rodrigo è il nome della sua (*Manzoni*) antica narrazione, ora si chiama Rodeur. È lui che può aiutarti.

RENZO - Io dovrei andare da lui?... da solo?

On. GARBUGLI - Ti accompagno, ma di me non si fida tanto.

RENZO - Perché?

On. GARBUGLI - È diffidente già di carattere e poi c'è il passato di quell'altra mia discendenza di spreconi. C'è un passato di sprechi e ruberie che ancora pesa, non si fida di chi cerca sempre soldi, perché i soldi van restituiti, ma da troppo tempo nessuno più ci pensa.

RENZO - C'è l'ha con voi.

On. GARBUGLI - Con me che sono un po' ribelle mi guarda con sospetto. Non è facile fidarsi degli arrabbiati della piazza, in ogni caso non vuole più chiacchiere di "pagherò".

RENZO - Non so se la mia rabbia può far parte del vostro popolo di arrabbiati. Ho bisogno di un credito per riprendere la nostra azienda, mia e del popolo che ci lavora.

On. GARBUGLI - Proveremo a ricordagli la tua storia di onesto popolano, forse ti darà un po' di soldi, ma sui debiti non transige più.

RENZO - Ma senza cappio al collo!

On. Garbugli - Senza cappio, ma la cinghia un po' si stringe, è probabile che ti presterà i soldi, ma per rimetterti a lavoro, e impegnando la tua casa al mare.

RENZO - E come faccio

On. GARBUGLI - Si fa che si spende di meno e si lavora di più, e poi si danno le garanzie delle tue cose.

RENZO - Ma sono le mie case.

On. GARBUGLI - Renzo ne hai tre e poi non son case, son ville.

RENZO - Ma sono mie, dovrei privarmi di ciò che è mio?

On. GARBUGLI - I tuoi son debiti! Renzo, son debiti!!

RENZO - Son debiti va bene, ma la giustizia buona non è quella degli esattori.

On. GARBUGLI - La giustizia buona non è la giustizia allegra dei debiti all'infinito. La nostra rivoluzione popolare non vorrei che fosse di distribuire i soldi al popolo, questa giustizia dei debiti che non si pagano non funziona più. Renzo i soldi son finiti, c'è ne son pochi e bisogna che ognuno faccia la sua parte.

RENZO - Prendeteli da chi è stato ad allevar capponi.

On. GARBUGLI - Non sono io che ho messo tutti ad allevar capponi per il magna magna democratico, e comunque caro Renzo, ognuno ha allevato i suoi capponi.

RENZO - I miei capponi son finiti male, manco in padella.

On. GARBUGLI - Io sono popolare ma non populista. Ognuno ha i suoi scheletri nell'armadio ... in ogni armadio ognuno ha i suoi capponi. I capponi! Sono il cibo prelibato degli dei ma son finiti nel brodo del magna magna generale, si son moltiplicati e han fatto l'arrembaggio dell'ultima rivoluzione, siam passati dalla rivoluzione dei francesi alla rivoluzione dei capponi, questa è l'ultima rivoluzione: tutti in campo ad allevar capponi, è la rivoluzione della partecipazione, tutti a beccare ogni filo d'erba, è questa la rivoluzione dei capponi.

RENZO - Io non sono adatto ad allevar capponi, il gran pollaio è quello della sua famiglia ... quelli sì che ci hanno azzeccato bene ad allevar capponi.

On. GARBUGLI - Conosco bene quella discendenza ... che non è la mia. Gli Azzecca sono un altro ramo della dinastia, è lì che vorrei metterci riparo. La mia è il ramo popolare contro quelli che son bravi ad azzeccar garbugli. Io sono dei Garbugli non degli Azzecca, la mia discendenza è il popolo che governa il popolo, è un'altra dinastia, è un altro sangue, questo è il sangue che purifica l'intera discendenza.

RENZO - Vorreste rottamare un'intera dinastia.

On. GARBUGLI - C'è da buttare tutto di quella dinastia dei capponari.

RENZO - E si può fare?

On. GARBUGLI - Bisogna allevare il popolo che lavora, così finisce l'allevamento dei capponi. È una legge semplice, se aumenta il popolo che lavora diminuisce il popolo dei capponi.

RENZO - Io sono Renzo del popolo che lavora, questa è la mia discendenza.

On. GARBUGLI - Il popolo è bello, ma ognuno ci mette il popolo che vuole, ognuno ha il suo popolo. Il popolo è bello perchè ognuno può mettere il popolo che vuole.

RENZO - Io voglio solo riprendere il mio lavoro.

On. GARBUGLI - Verrò con te a questo incontro con Rodeur, spero riconosca le buone intenzioni tue e mie.

In quel momento arriva don Abbondio che ha sentito il proposito di un incontro con Rodeur.

On. GARBUGLI - Don Abbondio!

RENZO - Stiamo cercando di capir la strada.

DON ABBONDIO - Capisco la vostra idea caro onorevole, ma qui le cose sono assai più complicate, ci vuole un altro aiuto. Ci vuole uno che ha ancora più potere, uno che può dare garanzia sicura di quello che c'è da fare

RENZO - E chi è questo?

DON ABBONDIO - Ho una mia idea, ne parliamo e vediamo quello che c'è da fare.

RENZO - Io devo andare, ho un'urgenza di famiglia, ma vengo presto… ho interesse a capire la vostra idea… vengo subito.

Renzo esce

On. GARBUGLI - Chi è che può fare molto di più?
DON ABBONDIO - Nel bene e nel male è sempre lui che ha più potere di tutti.
On. GARBUGLI - Chi? Quello del Castellaccio?
DON ABBONDIO - Avete capito bene. È l'unico che può aiutare Renzo e Lucia, ma anche voi che pure ne avete bisogno. Il nostro autore aveva intuito la sua forza, ma aveva i paraocchi, vedeva solo ciò che gli piaceva vedere. Per Lui l'Innominato era semplicemente uno da sottomettere a Dio, la conversione era la sua sconfitta e basta.
On. GARBUGLI - L'innominato è un nome che non ha nessun nome.
DON ABBONDIO - Già! Ma è sempre lui il più potente, uno che vede oltre la vista; un tale la cui vista arriva dove non arrivano gli occhi, un uomo o un diavolo.

On. GARBUGLI - Ma dove abita, non sta più al Castellaccio?

DON ABBONDIO - Da quando è andato in crisi di coscienza non abita più lì, ma è sempre lui che può fare, nel bene o nel male quello che c'è da fare.

On. GARBUGLI - L'incontro con Lucia Mondella fu la sua sconfitta, fu la sua resa.

DON ABBONDIO - No! Questa era l'illusione di quella storia. Non fu una resa fu una conversione, perse la sua forma di Innominato, questo si; lui può patire ma non perire o morire, lui è sempre capace di cercare un varco tra le cose della vita per diventare un altro Innominato. Il nostro autore non si occupò più di lui, per partito preso.

On. GARBUGLI - Quale partito.

DON ABBONDIO - Il suo partito (*di Manzoni*), quello del cielo che tiene a bada ogni cosa di terra, quello di Dio che vince ogni Innominato; il nostro autore rimase in quel fervore di vittoria di Dio sull'Innominato e non si occupò di quella conversione. Al nostro autore bastava l'entusiasmo del tifoso, bearsi della partita vinta da Lucia, campione della fede, disse solo che l'Innominato ebbe una crisi di coscienza, una conversione, ma la conversione non era una resa bensì una nuova vita dell'Innominato, un nuovo Innominato. La sua non fu una conversione a Dio, ma una conversione del pensiero, l'apertura ad un nuovo essere dell'uomo nel mondo.

On. GARBUGLI - In che senso?!

DON ABBONDIO - L'Innominato lasciò il Castellaccio per tornare a fare il viandante nel mondo, riprender il suo vero destino di viandante senza nome: Innominato nella vita di sempre, la vita di un nome che non ha nome, di vita che non ha più dimora.

On. GARBUGLI - Un viandante?

DON ABBONDIO - Non abita più il Castellaccio, ora è un viandante.

On. GARBUGLI - Un viandante mi sembra poco per essere un nuovo Innominato.

DON ABBONDIO - Non ha più lo sguardo pesante di una volta e non ha più il peso del Castellaccio. La sua forza è ora la leggerezza dello sguardo del viandante. È lui che può aiutarci a trovare le vie di uscita nelle tortuosità che abbiamo davanti. Se riusciamo a incrociarlo troviamo la via giusta per Renzo e Lucia, e anche per lei onorevole; l'Innominato è l'unico che può aiutare anche lei onorevole a risolvere i suoi debiti.

Rientra Lucia

LUCIA - Ancora lui!

DON ABBONDIO - È l'unico che può fare qualcosa, lo so che è una strada più lunga, ma senza l'Innominato non si fa niente, lui è l'uscita e la ripresa della vostra vita.

LUCIA - Ho ancora gli incubi del suo Castellaccio.

DON ABBONDIO - Non abita più nel Castellaccio e non ha più quel nome; la conversione lo ha aiutato a recuperare il suo nome che non ha nome. Ha abbandonato la sua dimora, quel suo volto del Castellaccio, ora non ha più quella forma.

LUCIA - Ma che può fare uno che non ha nessun nome.

DON ABBONDIO - Questo è il suo vantaggio, è uscito dalle stanze del Castellaccio e ha ripreso la sua libertà di viandante; fuori da quelle stanze di specchi deformanti ha ripreso il suo vero potere di Innominato, la sua libertà da quell'abitazione, da quel nome, da quella forma.

LUCIA - Ma se non è più quello del Castellaccio che forma, che nome ha?

DON ABBONDIO - Ora ha ripreso la sua vita.

LUCIA - Ma quale?

DON ABBONDIO - Lui è vita senza forma. Lui sa tenere a distanza ogni forma di vita, lui può stare di fronte alla vita. Noi no, don Abbondio io, l'onorevole Garbugli e tu Lucia, siamo tutti personaggi, forme di ieri e di oggi; anche se non siamo quelli di allora, anche se non siamo quelli del copione romantico, siamo sempre comparse, comparse di ieri e comparse di oggi. Noi pure, creature nate nell'opera d'arte, passiamo di copione in copione, apparteniamo alla rappresentazione della vita, prendiamo forma per lasciare la vita; lui, invece no, lui è vita senza forma, è l'unico che può inseguire la vita.

LUCIA - I tuoi dubbi don Abbondio ora sono i miei ... non so bene chi è lui. Non sono la Lucia di prima ma avverto la stessa paura.

On. GARBUGLI - Anche io non sono Azzeccagarbugli, è possibile che anche lui sia cambiato.

DON ABBONDIO - Don Rodrigo, pure lui è cambiato, anzi è cambiato molto, ha cambiato persino il nome, ora si chiama Rodeur, e sono cambiato anch'io, il mio nome ora è don Abate. Sono diventato l'altro don Abbondio, non sono più quello della paura, il mio carattere dubbioso non l'ho cambiato è vero, ma ora mi sento più sicuro dei miei dubbi, la paura mi ha dato sicurezza. Anch'io sono un altro. La vita ci ha rivelati diversi.

LUCIA - Eravamo quelli dell'immortalità dell'opera d'arte ma non della vita. Ora noi non siamo più quelli di prima.

DON ABBONDIO - Anche noi abbiamo a che fare con la vita che cambia: siamo comparse della vita. Anche noi del palcoscenico siamo come loro, apparteniamo, come ogni persona, al dramma della vita. Non c'è differenza tra noi che siamo personaggi e le persone della vita, siamo tutti nel mondo che cambia. Lui no, l'Innominato sta di fronte al mondo, lui sfida il mondo, lui non ha nome, è volto che non ha forma, lui non finisce con il dramma della vita perchè lui è conversione incessante, lui solo non è un essere per la morte, lui dà vita alle cose che muoiono ma lui non muore, lui sì che vince il tempo perchè lui trova sempre un varco tra le cose del mondo.

On. GARBUGLI - Non riesco a seguirvi, un volto che non ha forma, ma che forma è? Scusate don Abbondio ma questi son discorsi astratti.

DON ABBONDIO - Forse siamo noi le verità astratte, siamo noi i pupazzati. Prendere atto della nostra inconsistenza di pupi, è la cosa più concreta che possiamo fare.

On. GARBUGLI - Ma dov è questo Innominato, dove abita, a quale porta dobbiamo bussare?

DON ABBONDIO - Non ha più una dimora fissa, è un viandante.

On. GARBUGLI - Dovremmo affidarci a un girovago ... sembra un idea non proprio sicura per risolvere i nostri problemi.

DON ABBONDIO - Ora che è uscito dal Castellaccio è più forte di prima, ora non ha più negli occhi le travi pesanti del Castellaccio, ora è Innominato libero dal Castellaccio ora può guardare meglio.

LUCIA - Ho paura ... ma possibile che voi onorevole non potete far niente.

On. GARBUGLI - Non è facile, ma possiamo provare.

DON ABBONDIO - Scusatemi onorevole! Anche voi avete bisogno di lui… e così che tutti noi abbiam bisogno di voi. Senza il suo aiuto non si trova la strada, senza di lui nessuno ci riesce, né lei onorevole né chi ha la forza di tanti onorevoli.

LUCIA - Ma questo amico è forte di tutti gli onorevoli… ora che non è più un nemico ed è forte di tanti onorevoli potrebbe fare qualcosa per i nostri debiti.

On.GARBUGLI - Rodeur potrebbe aiutarci.

LUCIA - Ora che non è più don Rodrigo e il suo è un potere amico perchè non fidarsi ?!

On.GARBUGLI - Chiediamo il suo aiuto.

DON ABBONDIO - Rodeur può dare un aiutino del momento! Sono aiuti occasionali. Non servono gli aiuti del momento perché i debiti non sono soldi, ma una via dentro un labirinto.

LUCIA - Ma l'Innominato cosa può fare?!

DON ABBONDIO - Lui ha potere di vita, di vincere il divenire dei nostri debiti, di vincere il finire, il perire e il morire di debiti. Noi siamo pupi in cerca di vita e lui è vita, lui è l'unico personaggio destinato a inseguire il mondo, l'unico destinato all'avvenire è lui, lui solo può dare aiuto di un avvenire migliore, lui è storia ed è destino, destino di potere dell'Innominato.

LUCIA - Un destino di tormento.

DON ABBONDIO - Il suo potere è anche il suo tormento, destino di potere e storia di tormenti. La sua forza è accettare il divenire, non ha bisogno di salvarsi dal continuo divenire, non ha terrore di questo mutamento, lui è forza contro il tempo.

LUCIA - Ma che potere ha sui nostri debiti, che potere ha su di noi?

DON ABBONDIO - Lui è coscienza di ogni debito, perché il nostro è un debito di coscienza; la via è la sua conversione, questo è il suo potere; è potere che spia se stesso, che cerca ogni suo debito, ogni sua mancanza. Il suo potere non è il sapere, è il sapere maggiore di ciò che non conosce.

LUCIA - Io so dei miei tormenti, e i miei tormenti sono i nostri debiti, cos'altro avrei da sapere.

DON ABBONDIO - I nostri debiti non sono debiti!! Questi debiti non sono soldi!! L'Innominato è il filo che serve in questo intricato vicolo cieco.

LUCIA - Vorrei vedere voi nei panni di un indebitato.

DON ABBONDIO - I debiti non sono soldi, Lucia!!!. Il problema è trovarlo perchè non ha più una fissa dimora. La via è lunga e difficile ma è lui che serve per liberarvi da questo debito.

Rientra Renzo

DON ABBONDIO (*Avvicinandosi a Renzo appena rientrato*) Caro Renzo, abbiate fiducia della mia ragionevolezza, io posso aiutarvi a cercarlo, ma non è qui sul palcoscenico che dorme e non è qui che mangia, sui palcoscenici passa solo il riverbero della sua voce. Lui sta dietro di ognuno, è lì che bisogna cercarlo, scendete, io sto un po' più sopra e posso guardare meglio. La sua voce ha perso vigore ma sente le nostre voci. Dopo che ha abbandonato il Castellaccio è dimagrito molto, è diventato apatico ma se ci impegniamo a cercarlo lui ascolta. La sua leggerezza è la sua nuova forza, vantaggio di cercare, di cercare cosa fare.
RENZO - Ma davvero pensate che colui che tutto poteva sia cambiato così? Ma qual è il suo potere?
DON ABBONDIO - È la sua testa.

LUCIA - E che testa è?

DON ABBONDIO - È una testa girevole.

On. GARBUGLI - Io non so come potrei aiutarvi a trovare una testa girevole.

DON ABBONDIO - Caro onorevole il suo aiuto è importante. Renzo e Lucia lo cercheranno in modi diversi dal vostro, loro andranno sui lati a trovare la sua testa girevole che guarda avanti e indietro e a destra e a sinistra, ma voi dovete trovare la sua testa girevole che va giù e va su.

On. GARBUGLI - Ma non so proprio come cercare questa testa girevole.

DON ABBONDIO - Vi dico io come dovete muovervi; ognuno deve muoversi in un certo modo. Ognuno si muoverà diversamente dall'altro, ognuno a suo modo. Siete voi che dovete cercare il suo volto girevole.

RENZO - Va bene.

Lucia e Renzo si accingono a scendere dal palcoscenico.

DON ABBONDIO - (*Con la mano sulle spalle di entrambi*) Ascoltatemi bene, tu Renzo lo cerchi da un lato e tu

Lucia lo cerchi dall'altra, ma dovete cercarlo in modi diversi, muovendovi diversamente l'uno dall'altro.

On. GARBUGLI - Scendo anch'io.

DON ABBONDIO - Lei pure, onorevole, deve scendere perchè loro da soli non ci riescono, ma non deve scendere troppo giù che sotto vede solo quelli che le stanno attorno; deve scendere ma deve stare anche lei un po' più sopra altrimenti vede solo chi è più vicino e non vede lontano, non vede tutto. É così che trova la sua testa girevole.

On. GARBUGLI - Voi restate sopra?

DON ABBONDIO - Da sopra si può guardare meglio.

On. GARBUGLI - Scendete pure voi.

DON ABBONDIO - Non posso scendere, ci vuole qualcuno che stia un po' sopra… ma non per dare ordini che non è il mio mestiere, da sopra si vede un poco meglio, provo a darvi un aiuto a cercare meglio; io non ho la testa di chi sapeva tutto, son più adatto a darvi aiuto a cercare la testa girevole. Vorrei rimanere su per aiutarvi a cercare meglio la testa dell'Innominato, il suo volto girevole.

On. GARBUGLI - Lo conoscete bene.

DON ABBONDIO - Abbiamo qualche affinità, diciamo che i miei dubbi mi hanno aiutato a non perderlo di vista dopo la conversione; il mio esilio di uomo debole somiglia al suo esilio di uomo della conversione. I miei dubbi somigliano alla leggerezza della sua testa, c'è una certa correlazione tra il mio vissuto e la sua testa girevole. Perciò la mia vita vissuta ora è il mio vantaggio.

Renzo e Lucia intanto vanno sui lati della platea.

DON ABBONDIO - Tu Renzo devi muoverti da sinistra a destra e da destra a sinistra. Tu Lucia devi andare avanti e dietro, dietro e avanti.
On. GARBUGLI - E io cosa faccio?.
DON ABBONDIO - Voi dovete scendere guardando giù e su, vicino e lontano, guardare tutto, questo è l'unico modo di trovare la sua testa girevole.
On. GARBUGLI - Come guardare tutto?
DON ABBONDIO - Vicino e lontano.
On. GARBUGLI - Come faccio a guardare lontano?
DON ABBONDIO - Dovete stare sopra e sotto.
On. GARBUGLI - Ma come faccio?

DON ABBONDIO - Vi tenete alla mia mano per non andare troppo in basso, se state giù vedete solo quello che vi è vicino e non vedete tutto.

On. GARBUGLI - E voi non scendete?

DON ABBONDIO - Vorrei scendere ma è rischioso; se vado giù sopra non c'è nessuno, chi vi aiuta a non andare in basso? Devo scendere restando sempre sopra, ma non è facile. Il rischio mio è come quell'uccello che quando viene sotto le ali finiscono giù per terra e non riesce più ad alzarsi, e si fa così goffo che tutti gli tirano le pietre.

Momento conclusivo della rappresentazione in cui esce la voce fuori campo dei ragazzi, che non interrompe la scena e vede il proprio racconto rivelarsi nella metafora dei "Personaggi in cerca di un nuovo autore".

Giorgio - Ma l'onorevole Garbugli appare un nuovo personaggio rispetto ad Azzeccagarbugli.
Professore - Appartengono alla stessa dinastia.
Alessia - Quale dinastia?
Professore - Sono gli uomini del potere.
Beniamino - Ma sono diversi: Azzeccagarbugli era al servizio del potere di don Rodrigo mentre l'onorevole Garbugli dice di essere onorevole di società, al servizio del popolo.
E' la voce dei ragazzi che bisbiglia al professore - E' lì in platea che Lucia e Renzo han da trovare l'innominato?
Professore - E' lì che va trovata la testa girevole.

Alessia - E don Abbondio è il più adatto ad aiutare la ricerca di Lucia e Renzo.
Professore - Sì, perché è l'interprete della cultura, la sua migliore espressione di dubbio e libertà per cercare la testa girevole. Loro devono trovare la testa girevole delle due libertà, quella dell'uomo e quella del cittadino, ma c'è pure quella della testa girevole che deve cercare l'on. Garbugli, quella che guarda sopra e sotto, lontano e vicino.
Giorgio - Questa è la testa girevole dell'innominato, il suo miglior pensiero per risolvere ogni debito.
Beniamino - Ognuno cercherà il suo camminamento.
Professore - Proprio così! Lucia lo troverà camminando avanti e indietro, Renzo lo troverà camminando a destra e a sinistra, e l'on. Garbugli lo troverà andando sopra e sotto, dove può vedere lontano e vicino.
Lara - Questa è la testa girevole dell'innominato?
Professore - Sì, ma non è semplice perchè sono movimenti che funzionano insieme, non si arrestano per escutere l'altro, entrano l'uno nell'altro.
Lucia - Movimenti dell'uno nell'altro.
Rachele - Movimenti a specchio.
Professore - Giusto! Andare avanti e indietro, a destra e a sinistra, e sopra e sotto, è il movimento che guarda l'uno nell'altro, è un movimento a specchio.
Una voce bisbiglia al professore - Sono il camminamento del viandante.
Professore - Annuisce, sussurrando: sì la testa girevole è il camminamento del viandante, ma non è qui che mangia e non è qui che dorme, qui è solo il riverbero della sua voce.

Lucia va avanti guardando i volti che mano mano trova davanti.

DON ABBONDIO - Ma non correre, guarda bene; se vai avanti stai attenta perché il suo sguardo è rivolto all'indietro, (*Lucia si gira*) se vieni indietro lo vedrai rivolto in avanti. La sua è una testa girevole.

Pure Renzo cerca di allungare il passo

DON ABBONDIO - Renzo… tu devi cercare in un altro modo, ti devi muovere diversamente. Devi andare da destra a sinistra e da sinistra a destra; quello che cerchiamo è un volto girevole che guarda l'intero giro di questi movimenti, se vai a destra è girato verso sinistra se invece vai a sinistra il volto è girato a destra. Sono movimenti incompiuti, solo la sua testa girevole può guardare l'intero di questi movimenti.
LUCIA - Ma qui ognuno guarda dove guarda.
DON ABBONDIO - Ricordati che lui ha una testa girevole, quando guarda in un senso la testa è già girata dall'altra parte.
RENZO - Qui ognuno guarda dove guarda.

L'onorevole Garbuli intanto si intrattiene con i più vicini della platea.

DON ABBONDIO - Onorevole ma che fa?
On. GARBUGLI - Cerco qui.
DON ABBONDIO - Ma li sotto guarda solo quelli che sono vicino, non vede quelli che non si vedono, non guarda lontano e non guarda tutto.
On. GARBUGLI - Va bene ho capito (*si sposta più in avanti ma sempre intrattenendosi con i vicini*)
DON ABBONDIO - (*giratosi verso Lucia che intanto è andata troppo avanti*) Lucia! Ma dove vai! dove corri! Se vai avanti così lo perdi di vista, non lo trovi, perché quando lui è avanti è girato all'indietro, lui è un viandante non corre, va avanti ma si gira dietro, è un viandante, e così che ha imparato a non perdere la via della coscienza.
RENZO - (*dal fondo della platea*) Ma qui ognuno guarda dove guarda.
DON ABBONDIO - Guarda bene, se vai a destra è girato a sinistra, se vai a sinistra è girato a destra.
RENZO - Ma ognuno guarda dove guarda, nessuno guarda dall'altra parte, non ci sono teste girevoli, io ora

sono a destra, tutti siam girati da quella parte, se vado a sinistra *(corre verso sinistra)*... vedete...siam tutti girati da quest'altra parte.

LUCIA - Ognuno guarda dove guarda, se vado avanti tutti guardiamo davanti, se vengo dietro *(velocemente torna indietro)* vedete...tutti guardiamo in dietro.

DON ABBONDIO - Voi vedete il movimento degli incompiuti, vedete solo la metà che non è l'intero del reale, solo la testa girevole può guardare l'intero delle cose. *(l'attenzione di don Abbondio ritorna sull'onorevole)* Onorevole ma che fa!! Lei guarda sempre quelli che le stanno più vicino... non guarda lontano, non vede tutto.

On. GARBUGLI - Ma come faccio?

DON ABBONDIO - Venga qui! Si tenga alla mia mano *(porge la mano all'onorevole per tirarlo più in alto)* deve venire sopra per guardare lontano e guardare tutto.

On. GARBUGLI - Ma come faccio a stare sopra e a stare sotto. Scendete voi se lo sapete fare.

DON ABBONDIO - Se vengo giù chi è che vi tiene su per guardare lontano e guardare tutto?

RENZO E LUCIA *(in coro)* - Ma ognuno guarda dove guarda!!

DON ABBONDIO - Ci vuole allenamento e ci vuole tempo, tornate sul palcoscenico. Noi siamo personaggi, personaggi in cerca dell'Innominato, di un nuovo autore, questo racconto è solo una prova di palcoscenico. Abbiamo provato a cercare il riverbero della sua voce. I nostri discorsi son finiti e dobbiamo ritornare al copione. Ci riproveremo ancora, ma ricordiamoci che lui non è qui (*sul palcoscenico*) che mangia e non è qui che dorme, non è qui che abita, qui è solo il riverbero della sua voce.

FINE

INDICE

Prefazione 5
Introduzione 7

Personaggi in cerca di un nuovo autore 25
I TEMPO 29
II TEMPO 67

www.ingramcontent.com/pod-product-compliance
Lightning Source LLC
Chambersburg PA
CBHW070458090426
42735CB00012B/2600